열공! 알파벳부터 쉽게 시작하는

영어
첫

KB077581

영어 리듬 훈련

MP3 다운

MP3 무료다운
www.donginrang.co.kr

동인랑

동인랑 영어

동인랑 영어와 함께 재미있게 공부하세요!

Q. 플러스친구는 어디에서 찾을 수 있나요?

① 카카오톡 친구탭, 채팅탭 상단의
검색창에서 찾을 수 있어요!

② 상단 검색창에서
플러스친구검색이 가능합니다.

③ 안드로이드에서는 상단 돋보기 **검색아이콘**을
클릭하여
원하는 플러스친구를 찾아보세요!

④ IOS에서는 **검색창을 클릭**하여
원하는 플러스친구를 찾아보세요!

Q. 내가 추가한 플러스친구는 어디서 볼 수 있나요?

친구목록의 '플러스친구' 그룹을 클릭하면
내가 추가한
모든 플러스친구를 확인할 수 있어요!

왕초보 탈출을 위한  가지 공부비법

① 자신감을 가져라!

영어로 말하는 것에 대한 두려움과 부담감을 떨쳐 버려야 한다.
영어와 많이 부딪히고, 많이 실수하면서 조금씩 영어가 편해지고,
자연스럽게 영어에 적응이 되는 것이다.

처음부터 영어를 원어민처럼 완벽하게 구사해야 한다는 생각을
과감히 버리고, 자신감을 갖고, 말하기 연습을 시작해 보자.

② 자꾸 듣고 자꾸 따라한다.

'영어는 듣는 만큼 말할 수는 없지만, 말하는 만큼은 들을 수 있다'고
한다. 그만큼 많이 말해보는 것이 중요하다는 말이다.

영어가 나오는 방송이나 발음을 많이 듣고, 그 내용을 반복해서 따라
하는 것이 영어를 잘하게 되는 최고의 방법이다. 영어를 따라할 때는
실제로 상대방과 대화를 한다고 생각하고, 큰소리로 또박또박 말해
보는 것이 좋다.

③ 영어의 리듬을 느껴라!

영어는 문장에서 중요한 내용을 담은 단어만 강하고 길게 발음한다.
그래서 이런 영어의 리듬에 익숙해지기 위해서는 크게 정신집중을 요하지
않는 일을 할 때에 영어방송이나 영어로 된 발음을 틀어놓아
늘 영어가 귓가에서 맴돌도록 한다.
무심결에 들은 외국어 멜로디는 당장에는 효과가 없는 듯 보이지만 훗날
자연스런 영어를 구사하는데 큰 영향을 미친다.

❹ 문법, 회화, 단어는 따로따로가 아니다.

듣기연습, 말하기연습, 발음연습, 문법 등 영어를 잘하기 위해서는
공부할 것이 너무 많다. 하지만 이런 것들은 따로따로가 아니다.

한 문장을 공부할 때, 원어민의 발음과 억양을 그대로 따라하다 보면,
이 문장에 들어있는 단어나 숙어가 저절로 외워지게 된다.
그리고 영어의 기본 뼈대인 문법은 '누가 무엇을 했다' 라는 의미만 파악
할 수 있을 정도만 알아두면 된다.

❺ 자신만의 관심분야를 고른다.

영어 초보자에게는 영어에 대한 흥미를 유발시키고 재미를 붙이게 하는
것이 무엇보다도 중요하다. 그래서 자신이 좋아하는 분야를 골라서
공부해 나갈 것을 권한다.

영화를 좋아하면 영화대사로 공부하고, 음악을 좋아하면 팝송으로 영어를
공부한다. 그리고 영어간판이나 광고의 문구 또는 영어로 된 브랜드를
보고 '그 뜻이 뭘까?' 생각해 보는 것도 큰 도움이 된다.
또한 인터넷이나 케이블TV 같은 다양한 매체를 이용해 영어를 즐기듯이
공부하는 것이 좋다.

❻ 어순감각을 알면 말문이 터진다.

우리말과 영어의 가장 큰 차이점은 바로 어순이 다르다
는 것이다. 영어는 주어를 말하고 바로 동사를 말한다.

그러므로 영어로 말할 때는 항상 주어와 동사를 먼저 얘기하는
습관을 기르자. 이 어순에 대한 감만 잡아도 영어 50%는 해결된다.

❼ 1:1 채팅 상담을 통해서 궁금증 해결

학습을 하다 궁금증이 해결되지 않으면 앞으로 나아가지 못한다.
1:1 채팅을 통해 상담하면서 궁금증을 해결하고 쑥~쑥~ 나아가자!
학습효과가 바로 나타날 것이다.

이 책의 구성과 활용방법

그림으로 배우는 기본모음

영어의 기본모음을 그림을 보면서
입모양과 혀의 위치를 따라해 보자.

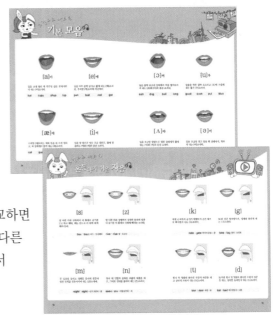

그림으로 배우는 혼동하기 쉬운 자음

혼동하기 쉬운 비슷한 자음 두 가지를 그림을 통해 비교하면
서 정확한 발음을 익히는 코너이다. 발음하나로 완전히 다른
뜻이 되는 것이 언어라는 점을 생각하며, 그림을 보면서
입모양과 혀의 위치가 어떻게 다른지 확인해 보자.

Dialogue

쉽고 간단하면서 초보자가 꼭 알아야 할 기본표현들로만 대화를 구성
하였다. 여러번 녹음된 대화를 들으면, 내용이 자연스럽게 이해된다.

가장 많이 사용하는 표현

Dialogue에 나와 있는 표현 중에서 일상대화에서 자주 쓰는 표현을
익혀보는 코너이다. 깜찍한 삽화가 곁들여진 4가지 영어표현을 원어
민 발음을 들으면서 여러번 따라 읽다보면 별도의 노력 없이도 저절로
외워지게 된다.

word power

전쟁터에 나간 군인에게 총알이 든든한 밑천이듯이 영어를 공부하는
학습자에게는 단어가 든든한 밑천이다. 단어의 정확한 발음과 뜻을
알고 대화문을 시작하자.

속이 다 **시원한 설명**

Dialogue에 나와있는 표현 중에서 꼭 알아두어야 하는 핵심표현 4개를 선택해,
이 문장들에 나오는 이디엄idiom이나 핵심패턴 또는 어떤 상황에서 쓰이는지를
알아본다.

말문이 확 터지는 **리듬훈련**

속이 다 시원한 설명에 나온 핵심표현과 이와 관련된 유용한 표현들의 영어 리듬
을 연습하는 코너이다. 큰 글씨는 크고 강하게 나머지는 약하게 발음하면서 영어의
리듬을 연습하자.

Q&A

영어초보자가 궁금해 할만한 영어표현들을 질문과 답변 형식으로 설명해 놓았다.
짧고 간단하니까 공부한다 생각하지 말고 후루룩~ 읽고 지나가면 된다.

회화에 꼭 필요한 문법

기본적인 영문법을 이해하기 쉽게 그림으로 표현했다.
그림만 봐도 영문법이 쏙쏙 이해되므로
영문법이 쉽고 재미있게 느껴진다.

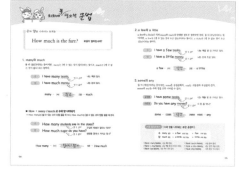

미국문화 엿보기

미국을 알면 영어가 쉬워진다. 그래서 매 unit 마다 우리와 다른 미국문화를
카툰과 함께 소개한다.
여기에 나오는 미국문화는 미국에 대한 토막상식이므로, 재미로 읽고 지나
가자.

이 책의 **목차**

발음

발음

알파벳 alphabet
그림으로 배우는 기본모음 vowels
그림으로 배우는 혼동하기 쉬운~ 자음 consonants

알파벳 alphabet

알파벳의 우리말 표기는 실제 영어 발음과는 차이가 있으므로,
함께 제공된 원어민의 발음을 따라 할 것을 권한다.

A a	[ei] 에이	B b	[bi:] 비-
C c	[si:] 씨-	D d	[di:] 디-
E e	[i:] 이-	F f	[ef] 에프
G g	[dʒi:] 쥐-	H h	[eitʃ] 에이취
I i	[ai] 아이	J j	[dʒei] 쥐에이
K k	[kei] 케이	L l	[el] 엘

M m	[em] 엠	**N n**	[en] 엔
O o	[ou] 오우	**P p**	[piː] 피-
Q q	[kjuː] 큐-	**R r**	[aːr] 아얼
S s	[es] 에스	**T t**	[tiː] 티-
U u	[juː] 유-	**V v**	[viː] 비-
W w	[dʌ́bljuː] 더블유-	**X x**	[eks] 엑스
Y y	[wai] 와이	**Z z**	[ziː] 지-

[a]아

입을 크게 벌린 채 목구멍 깊은 곳에서부터 내는 [아]소리다.

hot   copy   shop   top

[e]에

입을 아주 살짝 당기고 짧게 내는 [에]소리로, 우리말 [에]소리와 비슷하다.

pen   bed   red   get

[æ]애

우리말 [애]보다는 턱과 입을 더 크게 벌리고, 혀 앞쪽에서 짧게 내는 [애]소리다.

cat   gas   add   bad

[i]이

입을 양 옆으로 아주 조금 벌리고, 짧게 발음하는 [이]와 [에]의 중간 소리다.

give   sit   big   city

[ɔ]어

입을 살짝 오므린 상태에서 턱을 떨어뜨리며 내는 [오]와 [아]의 중간 소리다.

salt   dog   ball   long

[u]우

입술을 아주 살짝 오므리고 [으]에 가깝게 내는 짧은 [우]소리다.

good   cook   put   blue

[ʌ]아

입을 조금만 양옆으로 벌린 상태에서 짧게 내는 [아]와 [어]의 중간 소리다.

club   puzzle   bus   cut

[ə]어

입을 조금만 열고 힘을 뺀 상태에서, 약하게 내는 [어]소리다.

pilot   alone   melon   cinema

그림으로 배우는

혼동하기
쉬운 **자음** consonants

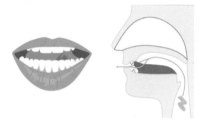

[l]

입 모양을 '을'로 하고, 혀끝을 윗니 뒤 잇몸에 두고 강하게 밀면서 [르] 하며 발음한다.

late : rate 늦은 : 비율, 요금

[r]

입 모양을 '우'로 하고 성대를 울리며 혀를 동그랗게 말아 목구멍 쪽으로 천천히 후진시키며 발음한다.

light : right 빛 : 올바른

[b]

양 입술을 꼭 다물었다가 성대를 울리면서 입술을 떼면서 [브] 하고 소리낸다.

bat : vat 야구방망이 : 큰 통

[v]

윗니를 아랫입술에 살짝 대고 성대를 울리며 입안의 공기를 뺀다.

best : vest 최고의 : 조끼

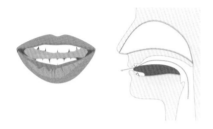

[θ]

혀끝을 윗니와 아랫니 사이에 살짝 걸쳐두고, 성대를 울리지 않고 입안의 공기를 천천히 입 밖으로 빼낸다.

bath : bathe 목욕 : 목욕시키다

[ð]

혀끝을 윗니와 아랫니 사이에 살짝 걸쳐두고, 성대를 울리며 입안의 공기를 천천히 입 밖으로 빼낸다.

thank : than 감사하다 : ~보다

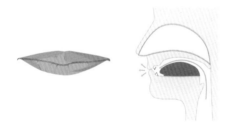

[p]

양 입술을 붙였다가 떼며 입안에 있는 공기를 순간 터뜨리며 내는 소리다.

pine : fine 솔 : 좋은

[f]

윗니를 아랫입술 안쪽에 살짝 댄 다음 [프] 하고 입안의 공기를 밖으로 빼낸다.

leap : leaf 뛰어 오르다 : 잎

17

그림으로 배우는
혼동하기
쉬운 **자음** consonants

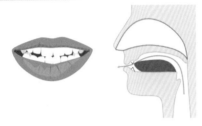

[s]

양 이를 다문 상태에서 이 틈새로 공기를
[스] 하고 뺀다. 혀는 반드시 이 뒤에 위치
해야 한다.

bus : buzz 버스 : 웅성대다

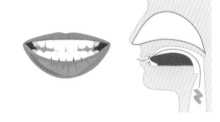

[z]

양 이를 다문 상태에서 성대를 울리며 입안
의 공기를 이 틈새로 강하게 **빼**내는 소리다.

rice : rise 쌀 : 오르다

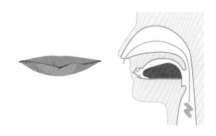

[m]

두 입술을 붙이고 성대를 울리며 콧등과
입안 전체를 진동시키며 내는 [음]소리다.

might : night ~일지 모른다 : 밤

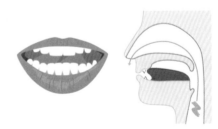

[n]

윗니 뒤 잇몸의 볼록한 부분에 혀끝을 대
고, 그대로 성대를 울리며 내는 [은]소리다.

seem : sin ~처럼 보이다 : 죄

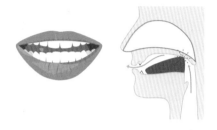

[k]

목젖 근처에서 공기가 막혔다가 순간 밖으로 빠지면서 나는 [크]소리다.

[g]

[k]와 같은 입모양으로, 성대를 울리며 내는 [그]소리다.

Kate : gate 케이트(인명) : 문   take : tag 잡다 : 꼬리표

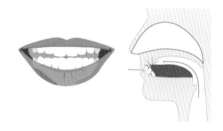

[t]

윗니 뒤 잇몸의 볼록한 부분에 혀끝을 대고 강하게 차면서 내는 [트]소리다.

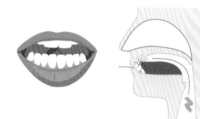

[d]

[t]처럼 윗니 뒤 잇몸의 볼록한 부분에 혀끝을 대고, 성대를 울리면서 내는 [드]소리다.

tour : door 여행 : 문   bat : bad 야구방망이 : 나쁜

기본 모음과 혼동하기 쉬운 자음의 정확한 발음을 연습했다. 이제 본격적으로 유창한 영어회화를 위한 기본기를 다지자.

CHAPTER_1

Let's go!

01 Nice to meet you.
만나서 반가워.

Hi, Michael.

 Hi, Jane. How are you doing?

 I'm fine, thanks. How are you?

 Just fine. Oh, this is my friend, Tom.

 Hi, nice to meet you. I'm Jane.

 I'm Tom. Nice to meet you, too.

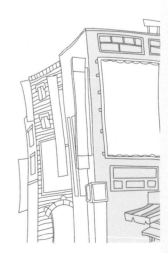

해 석

제 인	안녕, 마이클.
마이클	안녕, 제인. 어떻게 지내?
제 인	잘 지내, 고마워. 너는 어때?
마이클	잘 지내. 오, 이쪽은 내 친구, 탐이야.
제 인	안녕. 만나서 반가워. 나는 제인이야.
탐	나는 탐이야. 나도 만나서 반가워.

가장 많이 사용하는 표현
필수 표현

① How are you doing?
어떻게 지내?

② I'm fine, thanks.
잘 지내, 고마워.

③ This is my friend, Tom.
이쪽은 내 친구, 탐이야.

④ Nice to meet you.
만나서 반가워.

Word power

- **how** 어떻게
- **fine** 좋은
- **thank** 감사하다
- **friend** 친구
- **nice** 좋은, 멋진
- **meet** 만나다
- **too** ~도 역시

23

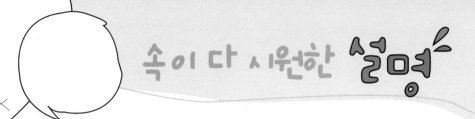

1 How are you doing?

어떻게 지내?

Hi. 나 Hello. 같은 기본인사 뒤에 쓸 수 있는 말로, 상대방의 안부를 묻는 표현이다. 우리는 안부를 물을 때 주로 How are you?를 사용하지만, 미국인들은 doing을 붙인 How are you doing?이란 말을 더 많이 사용한다.

예 **Hi. How are you?** = **Hi. How are you doing?**
안녕. 어떻게 지내?

2 I'm fine, thanks.

잘 지내, 고마워.

상대방이 안부를 물었을 때의 대답으로, 가장 무난한 표현이다. Just fine.도 같은 의미로 많이 사용한다.

3 This is my friend, Tom.

이쪽은 내 친구, 탐이야.

사람을 소개할 때 This is~를 사용한다. 원래 this는 '이것'을 나타내는 말이지만, 사람을 소개할 때는 '이쪽은/이분은'이라는 뜻이 된다. 또한, 전화상에서 '저는 ~입니다'라고 말할 때도 This is~를 사용한다.

예 **This is my sister.** 소개할 때   **This is Kathy.** 전화상에서
이쪽은 내 여동생이야   저는 캐시입니다.

4 Nice to meet you.

만나서 반가워.

처음 만난 사람에게 만나서 반갑다라는 뜻으로 쓰는 말이다. Nice to meet you, too. 처럼 too를 붙이면 '나도 만나서 반갑다'라는 뜻이 된다. 격식을 차리는 자리에서는 How do you do? 처음 뵙겠습니다 라는 표현을 사용하는 것도 좋다.

말문이 확 터지는 리듬 훈련♪

●과 파란 글씨는 **크고 강하게** 읽으면서 영어의 독특한 리듬을 익히자.

How are you doing? ↘

어떻게 지내?

➡ 비슷한 표현

How are you? ↘   어떻게 지내?

How's it going? ↘   〃

How's everything? ↘   〃

▶ everything 무엇이든지

I'm fine. ↘

잘 지내.

➡ 비슷한 표현

Just fine. ↘   잘 지내.

Pretty good. ↘   아주 잘 지내.

Not bad. ↘   나쁘지 않아.

▶ bad 나쁜

Nice to meet you. ↘

만나서 반가워.

➡ 비슷한 표현

Nice meeting you. ↘   만나서 반가워.

Glad to meet you. ↘   〃

Glad to see you. ↘   〃

▶ glad 기쁜, 즐거운

"얘기 많이 들었어요"는 영어로 어떻게 표현하나요?

➡ 누군가 소개받았을 때 쓸 수 있는 표현인 [얘기 많이 들었어요]는 I've heard a lot about you.라고 말합니다. 또는, I've heard so much about you.라고도 합니다.

● 영어문장 만들기

I am Jane.   나는 제인이야.

1. 문장의 어순

우리말과 영어의 가장 큰 차이점은 어순이 다르다는 것이다.
우리말은 문장 처음에 주어를 말하고, 마지막에 동사를 말하지만, 영어는 주어를 말한 뒤에 바로
동사를 말한다.

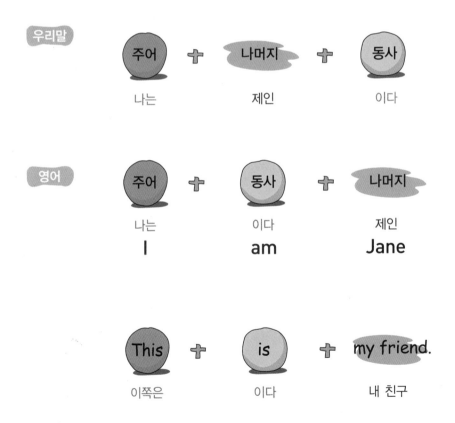

우리말

주어 ✚ 나머지 ✚ 동사
나는　　　제인　　　이다

영어

주어 ✚ 동사 ✚ 나머지
나는　　　이다　　　제인
I　　　am　　　Jane

This ✚ is ✚ my friend.
이쪽은　　　이다　　　내 친구

☞ 영어는 주어 다음에 동사를 바로 쓰기 때문에 주어 This 다음에 동사 is를 붙였다.

2. 문장을 만들때 필요한 것들

문장을 만들기 위해서는 주어와 모습이나 행동을 나타내는 동사가 꼭 필요하다. 그리고 목적어나 보어 등이 필요한 경우도 있다.

❖ 주어 + 동사 + 목적어

| I | + | love | + | you |
| 나는 | | 사랑한다 | | 너를 |

☞ 무엇을 사랑하는지 그 대상이 나와야 하므로, **목적어** you가 필요하다.

❖ 주어 + 동사 + 보어

| I | + | am | + | Jane |
| 나는 | | 이다 | | 제인 |

☞ I am 만으로는 말이 통하지 않으므로, I의 상태나 성질을 나타내 주는 **보어**인 Jane이 필요하다.

▪ 꼭 알아두자 ▪

주어 　 : '누가 무엇이' 에 해당하는 말로, 동작이나 행동을 하는 사람이나 사물을 말한다.

동사 　 : 주어의 모습이나 행동을 나타내는 말이다.

목적어 : 주어의 동작이나 행동의 대상이 되는 말이다. [~을/~를]이라고 해석한다.

보어 　 : 주어나 목적어를 보충 설명해 준다.

우리나라와 미국은 문화가 달라요.
손가락으로 셈을 셀 때,
어떻게 세는지 아는 사람?

저요! 저요!
제가 알아요

저요!

손가락으로 셈을 셀 때

우리는 손가락을 다 편 후,
엄지손가락부터 차례로 꼽아 가면서
수를 세지만, 미국인은 주먹을 쥔 다음
엄지 손가락부터 차례로 피면서
셈을 합니다.

엄지부터 피는거야 ~

맞고 틀림을 나타낼 때

우리는 주로 O, X를 사용하지만, 미국인은
맞을 때는 T true진짜의, 틀릴 때는
F false틀린, 잘못된로 표시해요.

1+1=2 T
1+2=2 F

토순이가 맞고, 틀림을 나타낼 때를
아주 잘 설명했어요.
그럼, 사각형은 어떻게 그릴까요?

사각형을 그릴 때

우리는 1번 방식으로 그리지만,
미국인은 주로 2번 방식으로
한번에 다 그립니다.

분수를 쓸 때

우리는 분모 다음에 분자를 쓰지만,
미국인은 분자를 먼저 쓰고 분모를 씁니다.
읽을 때도 분자를 먼저 읽어요.

$3 \Rightarrow \underline{3} \Rightarrow \dfrac{3}{5}$

02 Who is he?

이 사람은 누구니?

02

■ 사진을 보며

 Who is he? Is he your brother?

 Yes, he is my brother.

 Your brother is very handsome.
How old is your brother?

 30 years old.

 What does he do?

 He is a lawyer. He lives in New York now.

해 석

마이클	이 사람은 누구니? 너의 오빠니?
제 인	응, 우리 오빠야.
마이클	정말 잘 생겼다. 너의 오빠는 몇 살이니?
제 인	30살이야.
마이클	너의 오빠는 어떤 일을 하니?
제 인	변호사야. 지금 뉴욕에 살아.

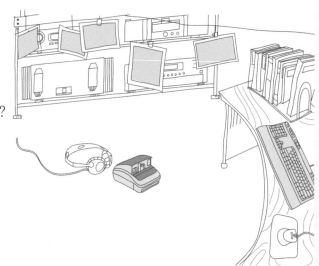

원어민의 발음을 그대로 따라 해보자.

① Who is he?
그는 누구니?

② How old is your brother?
너의 오빠는 몇 살이니?

③ What does he do?
그는 어떤 일을 하니?

④ He lives in New York now.
그는 지금 뉴욕에 살아.

Word power

- who 누구
- brother 오빠, 형, 남동생
- handsome 잘생긴
- how old 몇 살
- what 무엇
- lawyer 변호사
- live 살다
- now 지금

속이 다 시원한 설명

① Who is he? 그는 누구니?

Who는 '누구' 라는 뜻을 나타내는 의문사이다. 이런 의문사를 넣어 질문할 때는, 의문사가 항상 문장의 맨 앞에 놓여야 한다. who 이외에 다음과 같은 의문사들을 넣어 질문할 수 있다.

when	where	why	what	how	who
언제	어디서	왜	무엇	어떻게	누구

② He is my brother. 그는 우리 오빠야.

우리는 오빠, 형, 남동생처럼 남자형제를 부르는 호칭이 따로 있지만, 영어에서는 남자형제는 모두 brother라고 한다. 마찬가지로, 언니, 누나, 여동생 같은 여자형제는 모두 sister라고 한다.

③ How old is your brother? 너의 오빠는 몇 살이니?

How old는 나이를 묻는 표현이다. '나는 20살입니다' 라고 나이를 말할 때는, I'm twenty years old. 또는 간단히 Twenty.라고 한다.

예 **How old are you?** 나이를 물을 때
당신은 몇 살입니까?

I'm twenty years old.
20살입니다.

④ He lives in New York now. 그는 지금 뉴욕에 살아.

live는 '살다' 라는 뜻으로, live 다음에 with를 붙이면 '~와 함께 살다' 라는 뜻이 된다. 또한, live alone은 '혼자 살다' 라는 뜻이다.

말문이 확 터지는 리듬 훈련♪

넘어가기 어렵지 않은 표현

●과 파란 글씨는 **크고 강하게** 읽으면서 영어의 독특한 리듬을 익히자.

Who is he? ↘
그는 누구니?

➡ 패턴 연습
Who is she? ↘ 그녀는 누구니?
Who are they? ↘ 그들은 누구니?

How old is your brother? ↘
너의 오빠는 몇 살이니?

➡ 패턴 연습
How old is your sister? ↘ 너의 언니는 몇 살이니?
How old are you? ↘ 너는 몇 살이니?
May I ask your age? ↗ 나이를 물어봐도 될까요?
▶ May I ~? ~해도 될까요?

He lives in New York now. ↘
그는 지금 뉴욕에 살아.

➡ 패턴 연습
She lives with her mother. ↘ 그녀는 어머니와 함께 살아.
I live alone. ↘ 나는 혼자 살아.
They live in a studio-apartment. ↘ 그들은 원룸에 살아.
▶ studio-apartment 원룸

 Q/A 친척들을 부르는 호칭에 대해서 알고 싶어요.

➡ 미국은 호칭이 매우 간단한 편이어서 큰아버지·삼촌·고모부·이모부등
은 모두 uncle로, 큰어머니·고모·이모 등은 모두 aunt로 부릅니다.
Uncle Tom, Aunt Mary처럼 uncle + 이름, aunt + 이름 으로 부르면 됩
니다.

동사의 기본, be동사 파헤치기

He is a lawyer. 그는 변호사야.

1. be동사란?

동사는 움직임을 나타내는 말로, be동사와 일반동사가 있다.
be동사는 기본형태가 be라서 be동사로 불리지만, 일반 문장에서는 I am, You are, He is 처럼 주어에 따라 be동사의 모양이 달라진다.

2. 형태

현재형

am	are	is	are	are	is
I	You	He / She	We	They	It

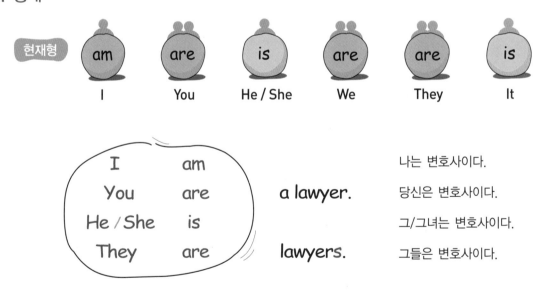

I	am		나는 변호사이다.
You	are	a lawyer.	당신은 변호사이다.
He / She	is		그/그녀는 변호사이다.
They	are	lawyers.	그들은 변호사이다.

☞ be동사 am, are, is는 [~이다, ~하다, ~이 되다] 등으로 해석한다.

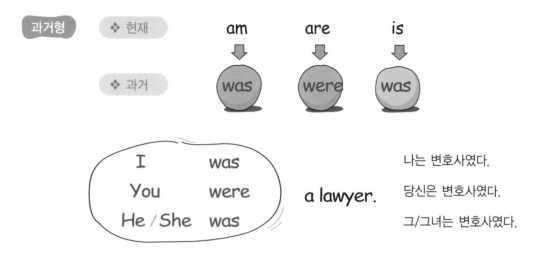

과거형 · ❖ 현재 · am · are · is

❖ 과거 · was · were · was

I	was		a lawyer.	나는 변호사였다.
You	were			당신은 변호사였다.
He / She	was			그/그녀는 변호사였다.

☞ am, are, is가 모두 다른 과거형으로 변하며, [~였다]로 해석한다.

주어 다음에 미래를 나타내는 will을 쓰고, be동사의 기본형인 be를 쓴다.

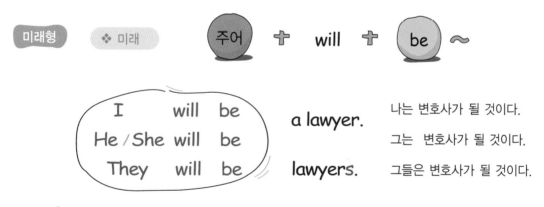

미래형 · ❖ 미래 · 주어 ✚ will ✚ be ~

I	will	be	a lawyer.	나는 변호사가 될 것이다.
He / She	will	be		그는 변호사가 될 것이다.
They	will	be	lawyers.	그들은 변호사가 될 것이다.

☞ will 다음에는 항상 동사의 기본형만 쓸 수 있기 때문에, am, are, is를 쓰면 안된다.

▪ 꼭 알아두자 ▪

주어 + be동사는 줄여서 나타낼 수 있다.

· I am → I'm · You are → You're · He / She is → He's / She's

· We are → We're · They are → They're · It is → It's

35

미국문화 엿보기 우리와 다른 문화 Ⅱ

오늘은 미국의 문화에 대해서
알아보도록 해요.

인사할 때

우리는 보통 고개를 숙여서 인사를 하지만,
미국인은 Hi. 나 Hello. 같은 인사말과 함께
눈인사를 합니다.

상대방을 오라고 할 때

우리는 손등을 위로 향하게 하고 손목을 휘저어서
부르지만, 미국인은 손바닥을 위로 향한 후
네 손가락만을 움직입니다.

Come on ~

이제 ... 돈 세는 방식에 대해 알아봐요.
우리는 돈을 셀 때, 돈뭉치의 중간을 잡고
엄지손가락으로 한 장씩 앞으로 넘기는데
미국인들은 어떻게 셀까요?

미국인은
한 장씩~ 한 장씩~
옆으로 옮기면서
돈을 세지요.

이름을 쓸 때

우리는 성을 먼저 쓰고 이름을
나중에 쓰지만, 미국인은 이름을
먼저 쓰고 성을 나중에 씁니다.

John Smith
이름   성

03 ✿ What do you do?

어떤 일을 하세요?

03 어떤 일을 하세요?
What do you do?

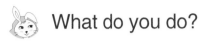 What do you do?

I'm a reporter. I work at the New York Times.

Do you like your job?

Yes. It's not easy but exciting.

What do you do?

I'm an English teacher. I like my job, too.

해석

티파니 어떤 일을 하세요?

소 니 저는 기자예요. 뉴욕 타임즈에서 일해요.

티파니 당신은 당신의 일을 좋아하세요?

소 니 예. 쉽지는 않지만 재미있어요.
　　　　당신의 직업은 무엇입니까?

티파니 저는 영어선생님이에요.
　　　　저도 제 일을 좋아합니다.

가장 많이 사용하는 표현
필수 표현

원어민의 발음을 그대로 따라 해보자.

① What do you do?
어떤 일을 하세요?

② I'm a reporter.
저는 기자에요.

③ I work at the New York Times.
뉴욕 타임즈에서 일해요.

④ Do you like your job?
당신은 당신의 일을 좋아하세요?

Word power

- reporter 기자
- work 일하다
- like 좋아하다
- job 직업, 일
- easy 쉬운
- exciting 신나는
- teacher 선생님

속이 다 시원한 **설명**

1 What do you do?

어떤 일을 하세요?

상대방의 직업을 묻는 표현이다. What's your job? 도 직업을 묻는 표현이지만,
약간은 무례한 느낌이 들어 미국인들은 What do you do? 를 많이 사용한다.

2 I'm a reporter.

저는 기자에요.

자신의 직업을 말할 때는 'I am a 직업' 이라고 한다.

> 예 **I'm a businessman.**
> 저는 사업을 해요.

> **I'm a computer programmer.**
> 저는 컴퓨터 프로그래머에요.

3 Do you like your job?

당신은 당신의 일을 좋아하세요?

Do~?로 물어보면, 'Yes 예 나 No 아니오' 로 대답하는 것이 기본이다.

> 예 **Do you like dogs?**
> 당신은 개를 좋아하세요?
> ⇨
> **Yes, I do. / No, I don't.**
> 예, 좋아해요 / 아니오, 좋아하지 않아요.

4 It's not easy but exciting.

쉽지는 않지만 재미있어요.

서로 반대되는 내용의 두 문장을 연결할 때 but을 사용한다.

> 예 **It's not easy.**
> 쉽지 않아요.
>
> ⇕
>
> **It's exciting.**
> 재미있어요.

> **It's not easy but exciting.**
> 쉽지는 않지만 재미있어요.

말문이 확 터지는 리듬 훈련 ♪

●과 파란 글씨는 **크고 강하게** 읽으면서 영어의 독특한 리듬을 익히자.

What do you do? ↘

어떤 일을 하세요?

➡ 비슷한 표현

What do you do for a living? ↘   어떤 일을 하세요?

Where do you work for? ↘   어디에서 일하세요?

What are your working hours? ↘   근무시간이 어떻게 되세요?

▸ work for ~에서 일하다

I'm a reporter. ↘

저는 기자에요.

➡ 패턴 연습

I'm a doctor. ↘   저는 의사에요.

I'm an office worker. ↘   저는 회사원이에요.

I work for myself. ↘   저는 개인사업을 해요.

▸ office worker 회사원

It's not easy but exciting. ↘

쉽지는 않지만 재미있어요.

➡ 패턴 연습

It's difficult but interesting. ↘   어렵지만 재미있어요.

It's easy but boring. ↘   쉽지만 지루해요.

▸ difficult 어려운
▸ interesting 재미있는
▸ boring 지루한

선생님은 영어로 어떻게 부르나요?

➡ 선생님은 영어로 teacher라 하죠. 하지만, teacher는 호칭이 아닌 직업을 나타내는 말입니다. 그래서 선생님을 부를 때는 [Teacher 누구]가 아닌 [Mr. / Ms. 누구] 하는 식으로 부릅니다. 예를 들어, 선생님 이름이 Jane Murphy라면, Ms. Murphy라고 부르면 됩니다.

회화에 꼭 필요한 문법

동사의 완성, 일반동사 파헤치기

I work at the New York Times.   저는 뉴욕 타임즈에서 일해요.

1. 일반동사란?

주어의 동작이나 행동을 나타내는 동사로, be동사를 뺀 나머지 동사를 말한다.

일반동사 I + work   at the New York Times.
저는 뉴욕 타임즈에서 일해요.

be동사 I + am   a reporter.
저는 기자에요.

2. 일반동사 현재형

주어가 I, you와 복수를 나타내는 we, they일 경우에는 동사의 기본형을 쓰고, he, she 같은
3인칭 단수일 때는 동사 끝에 -(e)s를 붙인다.

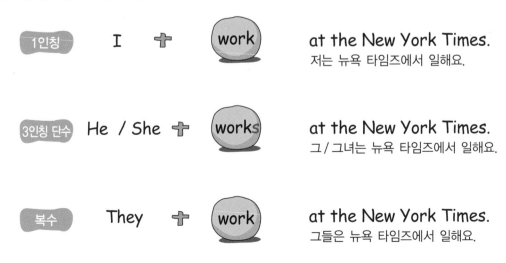

1인칭 I + work   at the New York Times.
저는 뉴욕 타임즈에서 일해요.

3인칭 단수 He / She + works   at the New York Times.
그 / 그녀는 뉴욕 타임즈에서 일해요.

복수 They + work   at the New York Times.
그들은 뉴욕 타임즈에서 일해요.

✖ 주어가 3인칭 현재형일 때

⇨ 보통 동사원형에 −s를 붙이지만, 단어 끝의 철자에 따라 약간씩 달라진다.

❖ 대부분의 동사는 동사원형에 s를 붙인다.

 ✚ s

work	▷ works	일하다
love	▷ loves	사랑하다
eat	▷ eats	먹다

❖ s, x, sh, ch, o로 끝나는 동사는 동사원형에 es를 붙인다.

 ✚ es

wash	▷ washes	씻다
catch	▷ catches	잡다
do	▷ does	하다

❖ 자음 + y로 끝나는 동사는 y를 i로 바꾸고 es를 붙인다.

 i ✚ es

study	▷ studies	공부하다
fly	▷ flies	날다
cry	▷ cries	울다

❖ 모음 + y로 끝나는 동사는 동사원형에 s를 붙인다.

 ✚ s

enjoy	▷ enjoys	즐기다
say	▷ says	말하다
play	▷ plays	놀다

 says는 /세이즈/가 아니라 /세즈/라고 발음한다.

❖ have동사는 has로 바뀐다.

┌─────────────┐   ┌──────────────────┐
│ I have   │ ⟹   │ He / She has   │
└─────────────┘   └──────────────────┘

미국문화 엿보기 우리가 잘못 사용하고 있는 영어

오늘은 우리가 잘못 쓰고 있는 영어 단어에 대해 알아보도록 해요. 티파니는 어떤 단어를 잘못 쓰고 있는지 아나요?

현대인의 필수품이 된 핸드폰이 잘못된 영어예요. **cellular phone**셀룰러 폰이 옳은 표현이고, 줄여서 **cell phone**셀 폰이라고도 합니다.

cellular phone = cell phone

리모콘

TV 볼 때 사용하는 리모콘 역시 잘못된 표현입니다.
remote control이 맞는 표현이고, 줄여서 remote 라고도 합니다.
remote는 '멀리 떨어진', control은 '조정하다' 라는 뜻입니다..

remote control = remote

쇼핑을 할 때, 물건은 사지 않고 구경만 하는 것을 눈으로만 쇼핑한다고 해서 **eye shopping**아이 쇼핑이라고 하죠. 하지만 이 말 역시 콩글리쉬죠. 제대로 된 영어는 뭘까요?

window shopping
윈도우쇼핑이라고
합니다.

컨닝

시험 볼 때, 다른 사람의 답을 보는 것을 우리는 컨닝이라고 하지만, 영어로는 cheating 치팅 이라고 합니다. cheat은 '속이다' 라는 뜻입니다. '컨닝하지 마세요!' 는 No cheating! 이라고 합니다.

NO cheating!

04 ❀ See you around.
그럼 또 봐요.

04

그럼 또 봐요.

See you around.

 Excuse me. Aren't you Jimmy?

 Is that you, Sera?

 Yeah. Long time no see.
What brings you here?

 I bought some books and CDs.
What are you doing here?

 I'm waiting for my friend. Let's keep in touch.

 Sure. See you around.

해 석

세 라   실례지만, 지미 아닌가요?

지 미   당신은 세라죠?

세 라   예. 오랜만이에요.
여기는 어쩐 일이세요?

지 미   책이랑 CD 좀 샀어요.
당신은 여기서 뭐하고 있어요?

세 라   친구를 기다리고 있어요.
우리 계속해서 연락하고 지내요.

지 미   알았어요. 그럼 또 봐요.

가장 많이 사용하는 표현
필수 표현

원어민의 발음을 그대로 따라 해보자.

① Long time no see.
오랜만이에요.

② What brings you here?
여기는 어쩐 일이세요?

③ Let's keep in touch.
연락하고 지내요.

④ See you around.
그럼 또 봐요.

Word power

- **long** 긴
- **time** 시간
- **see** 보다
- **make** 만들다
- **bring** 가져오다
- **here** 여기에
- **bought** buy 사다의 과거형
- **wait for** ～를 기다리다
- **keep in touch** 연락하고 지내다

47

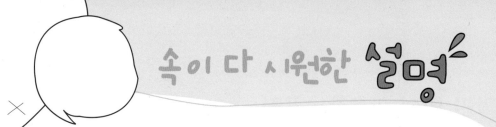

1 Long time no see.
오랜만이에요.

오랜만에 만난 기쁨과 반가움을 표현하는 말이다. 각 단어에 모두 힘을 주어서 말해야만 그 느낌을 살릴 수 있다.

2 What brings you here?
여기는 어쩐 일이세요?

직역하면 '무엇이 당신을 여기에 데려왔습니까?' 라는 뜻이지만, '여기는 어쩐 일이세요? 여기서 뭐하세요?' 라는 뜻으로 이해하면 된다. 본문에 있는 What are you doing here?도 같은 뜻이다.

> 예 **What brings you here?**   ☰   **What are you doing here?**
> 여기는 어쩐 일이세요?   여기서 뭐하고 있어요?

3 Let's keep in touch.
연락하고 지내요.

Let's는 Let us의 줄임말로 '~하자' 라고 제안할 때 쓸 수 있는 표현이다. keep에는 '~을 유지하다' 라는 뜻이 있어, keep in touch는 '계속 연락하고 지내다' 라는 뜻이 된다. keep 대신에 get을 써서 Let's get in touch.라고도 한다.

> 예 **Let's keep in touch.**   ☰   **Let's get in touch.**
> 연락하고 지내요.   연락하고 지내요.

4 See you around.
그럼 또 봐요.

헤어질 때의 인사로, around는 '조만간에 다시 만나자' 는 의미로 덧붙인 말이다. See you 다음에 어떤 말을 붙이느냐에 따라 의미가 약간씩 달라진다. later나 again을 붙여서 See you later. See you again.이라고 하면, 언제 만날지 기약 없이 헤어지며 하는 인사가 된다.

말문이 확 터지는 리듬 훈련♪♪

●과 파란 글씨는 **크고 강하게** 읽으면서 영어의 독특한 리듬을 익히자.

Long time no see. ↘   오랜만이에요.

▶ 비슷한 표현

It's been a long time. ↘   오랜만이에요.

I haven't seen you for a long time. ↘

Let's keep in touch. ↘   **연락하고 지내요.**

▶ 비슷한 표현

Let's get in touch. ↘   연락하고 지내요.

I'll be in touch. ↘   연락할게.

Call me. ↘   전화해.

See you around. ↘   **그럼 또 봐요.**

▶ 비슷한 표현

See you later. ↘   나중에 보자.

See you again. ↘   또 보자.

Take care. ↘   몸조심해. / 잘 지내.

Good bye. ↘   잘 가.

 헤어질 때의 인사로 Good bye. 말고 So long.이나 Farewell.을 쓰는데, 뜻에 차이가 있나요?

⇒ So long.은 Good bye와 마찬가지로 작별 인사지만, 의미가 Good bye보단 조금 약합니다. 또, 친한 사이에서 쓸 수 있는 작별 인사라서, 공식적인 자리나 격식을 갖춘 자리에서는 잘 안씁니다.

미국의 작가 헤밍웨이가 쓴 소설 [무기여 잘 있거라]의 영어제목은 Farewell to Arms입니다. 이처럼 Farewell.은 실제 대화보다는 연설문이나 노래 가사 등에 많이 쓰입니다.

과거로의 시간여행, 일반동사의 과거형

I bought some books and CDs. 책이랑 CD 좀 샀어요.

1. 일반동사의 과거형

과거에 있었던 일을 나타낼 때는 동사만 과거형을 사용하면 되며, 주어의 인칭과 단·복수에 상관없이 같은 형태를 가진다. 규칙동사냐 불규칙동사냐에 따라 과거형의 형태가 다르다.

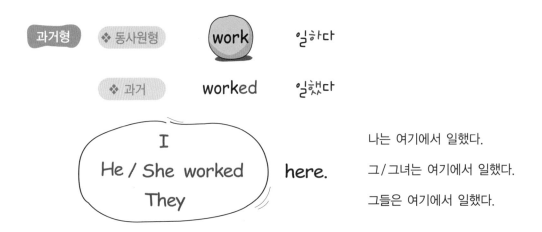

과거형 ❖ 동사원형 work	일하다
❖ 과거 worked	일했다

I
He / She worked here.
They

나는 여기에서 일했다.

그/그녀는 여기에서 일했다.

그들은 여기에서 일했다.

2. 형태

✖ 규칙동사 ▷ 일반동사에 (e)d를 붙이면 과거형이 되는 동사를 말한다.

❖ 대부분의 동사는 동사원형에 ed를 붙인다

동사원형 + ed

open 열다 ▷ opened 열었다
call 부르다 ▷ called 불렀다
play 놀다 ▷ played 놀았다

❖ e로 끝나는 동사는 동사원형에 d를 붙인다

love	사랑하다	▷	loved	사랑했다
close	닫다	▷	closed	닫았다
live	살다	▷	lived	살았다

❖ 자음 + y로 끝나는 동사는 y를 i로 바꾸고 동사원형에 ed를 붙인다

cry	울다	▷	cried	울었다
study	공부하다	▷	studied	공부했다
fly	놀다	▷	flied	날았다

☞ flied 도 맞는 표현이지만 실제 영어에서는 flew가 더 많이 쓰임.

❖ 강세가 있는 모음 + 자음으로 끝나는 동사는 끝자음을 한번 더 쓰고 ed를 붙인다

stop	멈추다	▷	stopped	멈췄다
plan	계획하다	▷	planned	계획했다
drop	떨어지다	▷	dropped	떨어졌다

✖ **불규칙 동사** ⇨ 동사원형과 과거형이 불규칙하게 변하는 동사로, 이런 동사들은 나올 때마다 외워두자.

• 과거형이 규칙적으로 변하지 않는 경우

buy	사다	▷	bought	샀다
go	가다	▷	went	갔다
sing	노래하다	▷	sang	노래했다

• 동사원형과 과거형이 같은 경우

put	놓다	▷	put	놓았다
hit	치다	▷	hit	쳤다
cut	자르다	▷	cut	잘랐다

▶ p.52~53 불규칙 동사 변화표 참조

불규칙 동사 변화표

A - A - A형   동사원형 - 과거 - 과거분사

bet (돈 등을) 걸다	bet	bet	**hurt** 다치게 하다	hurt	hurt
cost (비용이) 들다	cost	cost	**let** ~에게 시키다	let	let
cut 자르다	cut	cut	**put** 놓다	put	put
fit ~에 맞다	fit	fit	**read**[riːd] 읽다	**read**[red]	**read**[red]
hit 치다	hit	hit	**upset** 화나다	upset	upset

A - B - A형   동사원형 - 과거 - 과거분사

become 되다	became	become	**run** 달리다	ran	run
come 오다	came	come			

A - B - B형   동사원형 - 과거 - 과거분사

bend 구부리다	bent	bent	**keep** 유지하다	kept	kept
bring 가져오다	brought	brought	**lay** 놓다	laid	laid
build (건물을) 짓다	built	built	**leave** 떠나다	left	left
catch 잡다	caught	caught	**lead** 인도하다	led	led
deal 다루다	dealt	dealt	**lend** 빌려주다	lent	lent
dig 파다	dug	dug	**lose** 잃다	lost	lost
feel 느끼다	felt	felt	**make** 만들다	made	made
fight 싸우다	fought	fought	**mean** 의미하다	meant	meant
hang 걸다	hung	hung	**meet** 만나다	met	met
have 가지다, 먹다	had	had	**pay** 지불하다	paid	paid
hear 듣다	heard	heard	**say** 말하다	said	said
hold 잡다	held	held	**sell** 팔다	sold	sold

send 보내다	sent	sent
sit 앉다	sat	sat
sleep 자다	slept	slept
spend 사용하다	spent	spent

teach 가르치다	taught	taught
tell 말하다	told	told
think 생각하다	thought	thought
win 이기다	won	won

A - B - C형 　　　　　　　　　　동사원형 – 과거 – 과거분사

be ~이다	was/were	been
bear 낳다	bore	borne/born
begin 시작하다	began	begun
break 깨뜨리다	broke	broken
choose 선택하다	chose	chosen
do 하다	did	done
draw 끌다	drew	drawn
drink 마시다	drank	drunk
drive 몰다	drove	driven
eat 먹다	ate	eaten
fall 떨어지다	fell	fallen
fly 날다	flew	flown
forget 잊다	forgot	forgotten
forgive 용서하다	forgave	forgiven
get 가지다	got	gotten
give 주다	gave	given
go 가다	went	gone

grow 성장하다	grew	grown
hide 숨기다	hid	hidden
know 알다	knew	known
lie 눕다	lay	lain
ride 타다	rode	ridden
ring 울리다	rang	rung
see 보다	saw	seen
show 보여주다	showed	shown
sing 노래하다	sang	sung
speak 말하다	spoke	spoken
steal 훔치다	stole	stolen
swim 수영하다	swam	swum
take 잡다	took	taken
tear 찢다	tore	torn
wake 잠이 깨다	woke	woken
wear 입다	wore	worn
write 쓰다	wrote	written

미국문화 엿보기 미국인의 특이한 제스쳐

미국인의 특이한 제스쳐에 대해 알아봅시다.

OK! 알았어!를 나타내는 제스쳐는 엄지와 검지를 붙여 동그랗게 만들어요.

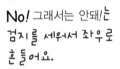

No! 그래서는 안돼!는 검지를 세워서 좌우로 흔들어요.

Shame on you! 부끄러운 줄 알아라!는 오른쪽 검지로 왼쪽 검지를 연필 깎듯이 문질러요.

Good! 좋아! Bad! 나빠!는 어떤 일이나 상황이 좋을 때 Good!은 엄지손가락을 위로하고, 형편없거나 만족스럽지 못 할 때 Bad! 는 엄지손가락을 아래로 향해요.

I don't know. 몰라!는 어깨를 올리고 목을 움츠리며, 양 손바닥을 위로 하고 팔꿈치를 살짝 올려요.

자신의 말을 강조할 때

이야기를 하면서 자신의 말 중 어느 부분을 강조할 때, 양손의 검지와 중지를 이용해서 허공에 따옴표를 그려요.

05 How about having a party?

파티를 여는 게 어때?

Tomorrow is Tom's birthday.

 Oh, really? I didn't know that.

 How about having a party?

 That's a great idea.

 I'll make a cake and some cookies.

 What do we give him for a gift?

 Well, how about a dress shirt and a tie?

 Sounds good. I'll buy them.

해 석

에이미	내일이 탐의 생일이야.
다니엘	정말? 몰랐어.
에이미	파티를 여는 게 어때?
다니엘	좋은 생각이야.
에이미	내가 케이크와 과자를 만들게.
다니엘	선물은 무엇을 살까?
에이미	음, 와이셔츠와 넥타이 어때?
다니엘	좋아. 내가 살게.

① I didn't know that.
몰랐어.

② How about having a party?
파티를 여는 게 어때?

③ That's a great idea.
좋은 생각이야.

④ Sounds good.
좋아.

Word power

- tomorrow 내일
- know 알다
- have a party 파티를 열다
- great 대단한
- give 주다
- gift 선물
- dress shirt 와이셔츠
- buy 사다

1 Tomorrow is Tom's birthday.　　　　　내일이 탐의 생일이야.

'사람이름' s + '명사' 는 '누구의 무엇' 을 나타내는 표현이다.

예　Jane's pen　　　　　　　　Tom's friend
　　제인의 펜　　　　　　　　　　탐의 친구

2 How about having a party?　　　　　파티를 여는 게 어때?

How about은 '~하는 게 어때?' 하고 상대방에게 무언가를 제안할 때 쓰는 표현이다. What about ~?도 같은 뜻의 표현이다.

예　How about a drink?　　＝　　What about a drink?
　　술 한 잔 어때?　　　　　　　　술 한 잔 어때?

3 That's a great idea.　　　　　　　좋은 생각이야.

'그것 참 좋은 생각이다' 라는 뜻으로, 상대방이 좋은 의견을 말했을 때 그 말에 동의한다는 표현이다. 상대방이 좋은 의견을 내놓은 것을 칭찬하는 의미도 담겨 있다.

　　　　　　　　　　　　　　　　　　내가 케이크와 과자를 만들게.

4 I'll make a cake and some cookies.

some은 '약간' 이라는 뜻으로, any 약간와 함께 수와 양을 모두 나타내는 말이다. 그러나 some은 주로 긍정문에, any는 의문문과 부정문에 쓴다는 차이점이 있다.

예　[긍정문] There are some candies in the box.　상자 안에 사탕이 몇 개 있다.

　　[의문문] Do you have any candies?　　　　　너 사탕 있니?

58

말문이 확 터지는 리듬 훈련 ♬

Tomorrow is Tom's birthday. ↘

내일이 탐의 생일이야.

▶ 패턴 연습　This is Jane's pen. ↘

이건 제인의 펜이야.

He is Tom's friend, Steve. ↘

그는 탐의 친구인 스티브야.

How about having a party? ↘

파티를 여는 게 어때?

▶ 패턴 연습　How about a cup of tea? ↘

차 한 잔 어때?

How about turning down the TV? ↘

TV 소리를 줄이는 게 어때?

▶ a cup of　한 잔
▶ turn down　소리를 작게 하다

That's a great idea. ↘

좋은 생각이야.

▶ 비슷한 표현　That's a good idea. ↘

좋은 생각이야.

Sounds good. ↘

좋은 생각이야.

What a great idea! ↘

정말 좋은 생각이군!

 Q/A

"그저께, 모레"는 영어로 어떻게 표현하나요?

➡ [어제의 전날]인 그저께는 [~전]을 나타내는 before를 이용해 the day before yesterday라고 해요. 모레는 [내일의 다음날]이니까, [~다음, ~후]를 나타내는 after를 이용해, the day after tomorrow라고 하면 되겠죠.

· **the day before yesterday** · **yesterday** · **today** · **tomorrow** · **the day after tomorrow**
　　그저께　　　　　　　어제　　　오늘　　　내일　　　　　모레

I'll make a cake and some cookies.

내가 케이크와 과자를 만들게.

1. 명사란?

사랑하는 가족, 따뜻한 커피, 파란 하늘, 사람들이 부르는 내 이름과 같이 이 세상에 존재하는
모든 사람과 사물의 이름을 말한다.

✖ 단수와 복수

⇨ 셀 수 있는 명사는 단수와 복수로 나눠지는데, 사람이나 사물이 한 개인 것을 단수, 두 개 이상
인것을 복수라 한다.

 케이크 한 개

a cake

I'll make **a** cake.
내가 케이크를 한 개 만들게.

 케이크들

cakes

I'll make cake**s**.
내가 케이크를 몇 개 만들게.

2. 단수를 복수로 만들기

단수를 복수로 만들 때는 명사에 s를 붙인다. 그러나 항상 s를 붙이는 것은 아니고, 명사의 끝
철자에 따라 복수의 형태가 약간씩 달라진다. 다음과 같은 몇 가지 규칙을 따르면, 쉽게 단수
를 복수로 만들 수 있다.

❖ 대부분의 명사의 복수형은 단수명사 + s이다

 + **s**

소녀	**girl**	▷	**girls**	소녀들
책	**book**	▷	**books**	책들
차	**car**	▷	**cars**	차들

☞ 무성음 + s는 /s/로, 유성음 + s는 /z/로 발음한다. 따라서, books는 /북스/, girls는 /걸즈/로 발음한다.

❖ s, sh, ch, x, z로 끝나거나 자음 + o로 끝나면 단수명사에 es를 붙인다

 **+** **es**

| 상자 | **box** | ▷ | **boxes** | 상자들 |
| 감자 | **potato** | ▷ | **potatoes** | 감자들 |

👉 자음 + es는 /이즈/로, 모음 + es는 /즈/로 발음한다. 따라서, boxes는 /박시즈/로, potatoes는 /포우테이토우즈/
로 발음한다.

❖ 자음 + y로 끝나면 y를 i로 바꾸고 es를 붙인다

 **es**

| 아기 | **baby** | ▷ | **babies** | 아기들 |
| 잠자리 | **dragonfly** | ▷ | **dragonflies** | 잠자리들 |

❖ 모음 + y로 끝나면 단수명사 끝에 s만 붙인다

 **i +** **s**

| 원숭이 | **monkey** | ▷ | **monkeys** | 원숭이들 |
| 소년 | **boy** | ▷ | **boys** | 소년들 |

❖ f, fe로 끝나면 f, fe를 v로 바꾸고 es를 붙인다

 **v +** **es**

| 나뭇잎 | **leaf** | ▷ | **leaves** | 나뭇잎들 |
| 칼 | **knife** | ▷ | **knives** | 칼들 |

● 단수형과 복수형이 규칙과 다르게 변하는 경우

 + s ≠ 복수

| 남자 | **man** | ▷ | **men** | 남자들 |
| 아이 | **child** | ▷ | **children** | 아이들 |

● 단수형과 복수형이 같은 경우

 = 복수

| 양 | **sheep** | ▷ | **sheep** | 양들 |
| 사슴 | **deer** | ▷ | **deer** | 사슴들 |

● 항상 복수형으로만 쓰이는 경우

 항상 복수   **pants** 바지   **shoes** 신발

👉 둘이 짝을 이뤄 하나의 물건이 되는 것은 항상 복수형을 쓴다.

미국문화 엿보기 신나는 Party 문화

신나는 미국 파티 문화에 대해
알아볼까요?
포틀럭 파티에 대해 아나요?

potluck Party 포틀럭 파티

파티문화가 매우 발달되어 있는 미국에서 가장 일반적인
파티로, 참석자가 요리를 직접 해 오는 파티죠.
개인일 경우는 한 가지씩, 가족 단위일
경우는 한 가지 내지 두 가지의
요리를 가져와서 먹어요.

bridal shower와 baby shower
브라이덜 샤워와 베이비 샤워

bridal shower는 결혼을 앞둔 신부에게
신혼살림에 필요한 것을 선물하고,
결혼을 축하해 주는 파티예요.
baby shower는 출산을
앞둔 예비엄마의 친구들이
산모와 아기의 건강을
기원하는 마음으로 준비
하는 파티로, 아기용품을
선물합니다.

bachelor party
총각파티

결혼하기 전날쯤 신랑의 남자친구들끼리 모여 결혼해서
바람피우지 말라고 열어주는 파티로, 보통 신랑을 의자
에 묶어놓고 쇼걸이 그 앞에서 쇼를 하곤 합니다.

파티하면 이 파티를 빼놓을 수 없죠.
미국 고등학교 졸업반 12학년 때 하는
프롬파티에 대해 아시나요?

prom party
프롬 파티

미국고등학교
졸업반 학생들이
하는 댄스파티로
고교생들의 최대 관심사
이자 인생의 추억거리입니다.
남학생은 턱시도를, 여학생은
드레스를 입고 파티에 가지요.

06 Whose pants are those?

저것은 누구 바지니?

06 Whose pants are those?

저것은 누구 바지니?

Whose pants are those?

They belong to Jane. **She left them this morning.**

Tell her to put them in the laundry basket.
And whose socks are these?

They are mine. I wore them yesterday.

Whose jacket is that?

It belongs to daddy.

He has to learn to put this away, too!

해 석

엄 마   저것은 누구 바지니?

마이클   제인 것이에요. 오늘 아침에 벗어 놨어요.

엄 마   세탁물 바구니에 넣으라고 제인한테 말해라.
그리고 이 양말은 누구 것이니?

마이클   제 것이에요. 제가 어제 신었어요.

엄 마   저 재킷은 누구 것이니?

마이클   아빠 것이에요.

엄 마   너희 아빠도 치우는 걸 배워야 겠구나!

① Whose pants are those?
저것은 누구 바지니?

② They belong to Jane.
제인 것이에요.

③ They are mine.
제 것이에요.

④ I wore them yesterday.
제가 어제 신었어요.

Word power

- **whose** 누구의
- **belong to** ~에 속하다
- **left** leave 남기다의 과거형
- **this morning** 오늘 아침
- **tell** 말하다
- **put in** 넣다
- **laundry** 세탁물
- **wore** wear 입다의 과거형
- **have to** ~해야 한다
- **learn** 배우다
- **put away** 치우다

1 Whose pants are those?

저것은 누구 바지니?

여기에서 those는 pants를 가리킨다. pants가 복수형이기 때문에 복수를 나타
내는 those를 사용한 것이다. Whose jacket is that?에서 that은 jacket을 가
리킨다. jacket이 단수형이므로 단수를 나타내는 that을 사용한 것이다.

단수	**that** 저것	복수	**those** 저것들
	this 이것		**these** 이것들

2 They belong to Jane.

제인 것이에요.

belong to는 소유를 나타내는 표현으로, '~의 것' 이라고 해석하면 된다.

3 They are mine.

제 것이에요.

mine은 소유를 나타내는 소유대명사로, 보통 '~의 것' 을 나타낸다.
소유대명사는 보통 소유격이나 목적격에 s를 붙여서 만드는데, 1인칭일 경우만 형
태가 특이하므로, 외워두자.

mine 나의 것	**yours** 그녀의 것
hers 그녀의 것	**theirs** 그들의 것

4 I wore them yesterday.

제가 어제 신었어요.

wore는 wear 입다의 과거형이다. wear는 '입다' 라는 말 이외에도 '신다', '쓰다',
'끼다' 등과 같이 몸에 착용하는 모든 것을 나타낼 때 쓴다.
'귀고리나 목걸이를 하다' 를 나타낼 때도, wear를 이용한다.

wear socks 양말을 신다	**wear gloves** 장갑을 끼다
wear a hat 모자를 쓰다	**wear a necklace** 목걸이를 하다

말문이 확 터지는 리듬 훈련 ♪♪

Whose pants are those? ↘

저거 누구 바지니?

▶ 패턴 연습

Whose books are these? ↘   이것들은 누구의 책입니까?

Whose glasses are those? ↘   저것은 누구의 안경입니까?

Whose car is this? ↘   이것은 누구의 차입니까?

Whose pen is that? ↘   저것은 누구의 펜입니까?

▶ glasses 안경

They belong to Jimmy. ↘

지미 것이에요.

▶ 패턴 연습

They belong to me. ↘   제 것이에요.

It belongs to my mother. ↘   우리 엄마 것이에요.

I belong to a tennis club. ↘   저는 테니스클럽 회원이에요.

They are mine. ↘

제 것이에요.

▶ 패턴 연습

They are his. ↘   그 사람 것이에요.

They are theirs. ↘   그들 것이에요.

Are they yours? ♪   네 꺼야?

Q/A

"벗다"는 영어로 어떻게 말하나요?

➡ take off를 이용해 나타냅니다. [신발을 벗다]는 take off the shoes, [모자를 벗다]는 take off a hat, [안경을 벗다]는 take off the glasses라고 합니다. 또, [안전벨트를 풀다]라는 표현도 take off를 이용해서 take off seat belt라고 합니다.

명사의 대타, **대명사**

Whose pants are those? 저거 누구 바지니?

1. 대명사란?

사람이나 사물의 이름인 명사를 대신하는 말이다. 명사를 대신해서, 대명사를 쓰는 것이 복잡할 것 같지만 오히려 명사의 반복을 피할 수 있고 간단하다.

> These socks 를 대명사로 바꾼 경우

These socks are mine. I wore them yesterday.

이 양말 내 것이야. 내가 어제 (그것을) 신었어.

2. 종류

사람을 가리키는 인칭대명사와 그 외의 사물이나 상황을 가리키는 지시대명사로 나뉜다.

✖ 인칭 대명사

- 사람을 가리키는 대명사를 말하며, 1인칭, 2인칭, 3인칭으로 나뉜다.
- 1인칭 주어 I 는 항상 대문자로 쓰고, 여성을 가리키는 대명사는 she, 남성은 he이다.
- 주격, 소유격, 목적격으로 나뉜다. 주격은 [~은/~는, ~이/~가]로 해석되며 주어 역할을 하고, 소유격은 [~의]라는 뜻으로 소유를 나타내며, 목적격은 [~을/~를]로 해석되며 목적어 역할을 한다.

수 / 격		주격	소유격	목적격	소유대명사
1인칭	단수	I	my	me	mine
	복수	we	our	us	ours
2인칭	단수	you	your	you	yours
	복수	you	your	you	yours
3인칭 단수	남성	he	his	him	his
	여성	she	her	her	hers
	중성	it	its	it	–
	복수	they	their	them	theirs

✖ 지시 대명사

- 사람 이외의 사물이나 장소, 시간 등을 가리키는 대명사를 말한다.
- this 이것, that 저것, it 그것 등이 있으며, 3인칭에 속한다.
- this는 거리나 시간적으로 가까운 것을 말하며, that은 먼 것을 말한다.
- this의 복수형은 these, that의 복수형은 those이다.
- it의 복수형은 they이다. they는 사람의 복수형도 되고, 사물의 복수형도 된다.

단수 　　복수

This is a dog.
이것은 개이다.

These are dogs.
이것들은 개이다.

단수 　　복수

This is a cat.
저것은 고양이이다.

Those are cats.
저것들은 고양이이다.

단수 　　복수

It is a rabbit.
그것은 토끼이다.

They are rabbits.
그것들은 토끼이다.

우리나라에서 돈이라고 하면 지폐와 동전을 떠올리지만, 미국사람에게 돈이라고 하면 지폐뿐만 아니라 개인수표나, 신용카드, ATM card 등을 떠올립니다.

사실, 많은 사람들이 현금을 거의 가지고 다니지 않는다고 할 수 있습니다.

미국의 화폐 단위는 **dollar** 달러이고, 우리와 마찬가지로 동전과 지폐로 되어 있어요.
동전은 링컨 대통령 Abraham Lincoln이 그려진 구릿빛 1 **cent** 센트가 가장 작은 단위이고, 5·10·25·50센트가 있는데, 이들은 모두 은색이죠.
동전마다 부르는 이름이 따로 있어서 1센트는 Penny, 5센트는 Nickel, 10센트는 Dime, 25센트는 Quarter, 50센트는 Half dollar라고 해요.

우리나라 지폐와 달리 색깔이 모두 같아서, 돈을 낼 때 아주 아주 조심해야 한다는데...
정말인가요?

$1
$2
$5
$10

색깔로구 분안되고 크기도 안되고...
잘 알아둬야 겠어요.

정말 조심해야되요.
1달러짜리 물건을 사고, 20달러짜리를 내고서는 9달러를 거슬러 받는 사고가 종종 발생하기도 하니까, 아주 조심해야되요.

예~
조심할게요.

미국인들은 dollar를 **buck** 벅 이라고 부르기도 해요.

$20
$50
$100

주로 쓰이는 지폐에는 1·5·10·20달러가 있답니다. 편의점이나 수퍼마켓 중에는 20달러 이상의 화폐를 받지 않는 곳이 많은데, 값이 좀 나가는 물건을 살 때는 대부분 **check** 개인수표나 **credit cards** 신용카드를 이용하기 때문이죠.

Check 개인수표

07 ❁ Thank you for dinner.
저녁 잘 먹었어요.

저녁 잘 먹었어요.
Thank you for dinner.

 I really enjoyed the meal.

 So did I. Waiter, can I have the bill, please?

 Here it is.

 I'll pick up the bill today.

 Don't do that. This is on me.

 I'll give you a chance next time.

 All right. Thank you for dinner.

 Do you accept VISA?

 Yes, we do.

해 석

피 터	식사 정말 맛있었어요.
제 인	저도요. 웨이터, 계산서 좀 주실래요?
웨이터	여기 있습니다.
제 인	오늘은 제가 계산할게요.
피 터	아니에요. 제가 낼게요.
제 인	다음번에 기회를 드리죠.
피 터	알았어요. 저녁 잘 먹었어요.
제 인	비자카드 받으시나요?
웨이터	예, 그렇습니다.

① Can I have the bill, please?
계산서 좀 주실래요?

② Here it is.
여기 있습니다.

③ I'll pick up the bill today.
오늘은 제가 계산할게요.

④ This is on me.
제가 낼게요.

Word power

- **enjoy** 즐기다
- **meal** 식사
- **bill** 계산서
- **pick up** 집다
- **next time** 다음번에
- **all right** 괜찮다
- **dinner** 저녁
- **accept** 받아들이다

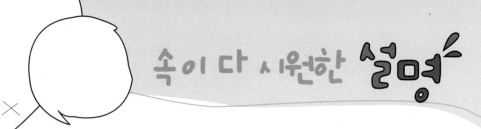

속이 다 시원한 설명

1 **So did I.**　　　　　　　　　　　　　저도요.

'So + (조)동사 + 주어' 의 어순은, '~도 역시, ~도 또한' 이라는 뜻이다. 상대방이
긍정으로 한 말에 동의할 때 사용하며, Me, too.나도 와 같은 표현이다.

> 예 A : **I was in London last summer.**　　　　B : **So was I.**
> 　　나 작년 여름에 런던에 있었어.　　　　　　　　나도.

2 **Can I have the bill, please?**　　　　계산서 좀 주실래요?

조동사 can, will, could, would는 상대방에게 무언가를 부탁할 때 사용한다.
이 때, can, will 보다 could, would를 쓰면 더욱 정중한 표현이 된다.

> 예 **Can / Will I have the bill, please?**　≡　**Could / Would I have the bill, please?**
> 　　계산서 좀 주실래요?　　　　　　　　　　　　　계산서 좀 주시겠습니까?

3 **I'll pick up the bill today.**　　　　오늘은 제가 계산할게요.

pick up the bill을 직역하면 '계산서를 집다' 라는 뜻이지만, '내가 내겠다' 라는
뜻으로 이해하면 된다. This is on me.도 같은 뜻으로 많이 쓴다.

4 **Thank you for dinner.**　　　　　저녁 잘 먹었어요.

Thank you for 다음에 명사나 ~ing 형태를 사용해서 고마운 이유를 설명한다.

> 예 **Thank you for your help.**　도와주셔서 감사합니다.
> 　　**Thank you for inviting me.**　초대해 주셔서 감사합니다.

말문이 확 터지는 리듬 훈련 ♪

●과 파란 글씨는 **크고 강하게** 읽으면서 영어의 독특한 리듬을 익히자.

● ● ● ● ●
Can I have the bill, please? ↗

계산서 좀 주실래요?

▶ 비슷한 표현

Can you bring me the check? ♪ — 계산서 좀 가져다주세요.

How much is it altogether? ↘ — 모두 얼마입니까?

Do you accept VISA? ♪ — 비자카드 받으시나요?

● ● ● ●
I'll pick up the bill today. ↘

오늘은 제가 계산할게요.

▶ 비슷한 표현

This is on me. ↘ — 내가 낼게.

I'll treat you. ↘ — 내가 살게.

Please be my guest. ↘ — 내가 낼게.

▶ treat 대접하다
▶ guest 손님

● ● ●
Let's go Dutch. ↘

각자 계산 합시다.

▶ 비슷한 표현

Let's go fifty-fifty. ↘ — 반반씩 내요.

Let's split the bill. ↘ — 각자 냅시다.

▶ go Dutch 비용을 각자 부담하다
▶ fifty-fifty 50대 50
▶ split 쪼개다

감사함을 나타내는 말에는 "Thank you."밖에 없나요?

➡ 작은 일이나 친한 사람에게 감사함을 표현할 때는 Thanks.를 씁니다. [매우 감사합니다]
는 Thank you very much.라고 해요. 이 말은 많이 들어보셨죠? 최고의 고마움을 나타
내는 말은 I really appreciate it.입니다. Thank you very much. 보다 더 정중한 느낌
이 들죠. 진심으로 감사함을 나타낼 때 이 표현을 사용해 봅시다.

회화에 꼭 필요한 **문법**

명사에만 붙어 다니는 **관사**, a/an과 the

Can I have the bill, please? 계산서 좀 주실래요?

1. 관사란?

영어는 명사 앞에 반드시 관사를 붙인다. 관사는 명사의 성격을 밝혀 주는 것으로, 부정관사 a/an과 정관사 the가 있다. 관사는 우리말에 없기 때문에 평생 공부해도 알쏭달쏭하다. 따라서, 많은 문장을 보고, 듣고, 말해보면서 자연스럽게 관사의 감을 잡아야 한다.

 + 정해지지 않은, 셀 수 있는 사람 or 사물을 나타내는 명사

부정관사

 + 특정한 것이나 정해진 것을 가리키는 명사

정관사

2. 부정관사 a/an

특별히 정해지지 않은, 셀 수 있는 사람이나 사물 앞에 a나 an을 붙인다. a나 an은 [하나]라는 뜻이므로, 복수명사 앞에는 붙일 수 없다.

 Jane has **a** car.
제인은 차를 한 대 가지고 있다.

 There is **an** apple.
사과가 한 개 있다.

예 **a car** 차 한 대 / **a book** 책 한 권

예 **an apple** 사과 한 개 / **an egg** 달걀 한 개

 발음이 자음으로 시작하는 명사 앞에는 a를, 모음으로 시작하는 명사 앞에는 an을 붙인다.

an + **a, e, i, o, u**
언

3. 정관사 the

어떤 특정한 것이나 정해진 것을 가리킬 때는 명사 앞에 the를 붙인다. 이미 언급된 것을 다시 말할 때도 정해진 것을 말하는 것이므로 the를 붙인다.

❖ 언급된 것   She has a son, **the** son is fourteen.
그녀는 아들이 하나 있는데, 그 아들은 14살이다.

❖ 정해진 것   Could you pass me **the** salt?
소금 좀 건네주시겠어요?

예 **the** girl 그 소녀 / **the** egg 그 달걀
더 걸   디 에그

 발음이 자음으로 시작하는 명사 앞에는 [더]로, 모음으로 시작하는 명사 앞에서는 [디]로 발음한다.

the ➕ a, e, i, o, u
디

4. 관사를 쓰지 않는 경우

나라이름, 사람이름, 식사, 스포츠, 학문 등에는 관사를 붙이지 않는다.

사람 · 나라 이름   **Sharon** is from **France**.
샤론은 프랑스 출신이다.

식 사   I've just eaten **lunch**.
방금 점심을 먹었다.

스포츠   My hobby is playing **soccer**.
내 취미는 축구하는 것이다.

학문   I like **science**.
나는 과학을 좋아한다.

미국문화 엿보기 Halloween Day 할로윈 데이

매년 10월 31일은 어린이들이 기다리고 기다리던 Halloween Day 할로윈 데이죠. 오늘은 할로윈데이에 대해 알아봐요.

Halloween Day 할로윈 데이

영국과 아일랜드 지방을 지배했던 켈트족의 풍습으로, 당시 켈트족은 추수가 끝난 10월 31일에는 이승과 저승을 구분하는 장막의 두께가 얇아져 악령들이 장막을 뚫고 이 세상을 찾아와 살아있는 사람들을 괴롭히고, 곡식을 망치며, 가축들을 죽인다고 믿었습니다.

그래서 집집마다 음식을 준비해서 악령들을 달랬는데, 이것이 오늘날의 할로윈 데이가 되었습니다.

할로윈 데이에 아이들은 가장무도회처럼, 귀신, 마녀, 유령 등의 복장을 하고, 집집마다 돌아다니며, Trick or treat! 골탕 한 번 먹어 볼래? 아니면, 나를 잘 대접할래? 를 외친다는데... 아이들이 정말 그렇게 하나요?

맞아요. 집 앞에서 Trick or treat! 을 외치면 각 집에서는 문을 열고 미리 준비한 사탕이나 과자 등을 바구니에 넣어 주면서 Halloween Day! 할로윈 데이 라고 한답니다.

Jack-O'Lantern 호박귀신

할로윈 데이와 항상 붙어 다니는 것이 바로 호박으로 만든 *Jack-O'Lantern* 잭-오-랜턴 호박귀신입니다. 망령의 갈 길을 밝혀 주기 위한 등(燈)이란 이름에서 유래된 호박등입니다.
이 호박등은 잘 익은 누런 호박을 사다가 뚜껑을 따고 속을 파낸 다음 도깨비 얼굴을 새긴 후에 양초를 넣어 도깨비 눈이 반짝이는 것처럼 보이게 만들었습니다. 이것을 크리스마스트리처럼 걸어 두기도 하고, 마당에 줄줄이 늘어놓기도 한답니다.

할로윈 데이는 크리스마스와 추수감사절 다음으로 즐기는 상당히 큰 축제예요.
그래서 할로윈 데이에 대한 동화, 영화, 소설 등이 인기죠.
단, 이날은 휴일이 아니라는 것! 잊지 마세요~ ~

08 ✿ You did a good job.

잘 했어.

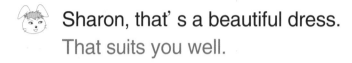

잘 했어.
You did a good job.

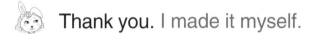

Sharon, that's a beautiful dress.
That suits you well.

Thank you. I made it myself.

Really? I can't believe it.

This is my first work. My mother helped a little.

You did a good job. You have a talent.

Thanks a lot. I'm going to make a jacket next.

Would you teach me how to make a dress?

Sure. It's not difficult.

해 석

크리스	샤론, 드레스가 예쁘구나. 너한테 아주 잘 어울려.
샤 론	고마워. 내가 직접 만들었어.
크리스	정말? 믿을 수가 없어.
샤 론	내 첫 작품이야. 엄마가 약간 도와주셨어.
크리스	잘 했어. 너는 재능이 있어.
샤 론	정말 고마워. 다음에는 재킷을 만들 거야.
크리스	나한테도 드레스 만드는 방법 좀 알려줄래?
샤 론	물론이지. 어렵지 않아.

① That suits you well.
너한테 아주 잘 어울려.

② I can't believe it.
믿을 수가 없어.

③ You did a good job.
잘 했어.

④ You have a talent.
너는 재능이 있어.

Word power

- **suit** 어울리다
- **well** 잘
- **myself** 나 자신, 나 스스로
- **believe** 믿다
- **work** 일, 작업, 작품
- **help** 돕다
- **a little** 조금, 약간
- **talent** 재능, 능력
- **a lot** 매우
- **teach** 가르치다

속이 다 시원한 **설명**

1 **That suits you well.** 너한테 아주 잘 어울려.

suit는 옷이나 장신구가 '잘 어울린다' 라는 뜻이다. suit 대신에 fit을 쓰면, '치수가 잘 맞다' 라는 뜻이 된다.

예 **That suits you well.** ≡ **That looks nice on you.** ≡ **It's you!**
아주 잘 어울려요. 옷이 참 잘 어울려요. 너한테 딱이다!

Those shoes fit you well.
신발이 꼭 맞는군요.

2 **I made it myself.** 내가 직접 만들었어.

self는 '자신' 을 뜻하는 말로, '대명사의 소유격/목적격' 에 self를 붙이면 '대명사 스스로, 대명사가 직접' 이라는 뜻이 된다. 복수를 나타내는 we나 they에는 self 대신에 selves를 붙인다.

myself **yourself** **himself**
나 스스로, 내가 직접 너 스스로, 네가 직접 그 스스로, 그가 직접

herself **ourselves** **themselves**
그녀 스스로, 그녀가 직접 우리들 스스로, 우리가 직접 그들 스스로, 그들이 직접

3 **I can't believe it.** 믿을 수가 없어.

상대방이 말한 내용이 너무 놀라워서 믿을 수 없을 때 쓰는 표현이다. 놀랐을 때 많이 쓰는 표현이므로, 꼭 알아두자.

4 **You did a good job.** 잘 했어.

미국인들은 상대방이 어떤 일을 잘 했을 때 칭찬하는 표현으로 Good job. 이라는 표현을 많이 쓴다. Good. 잘 했어나 Excellent. 아주 잘 했어보다도 훨씬 많이 쓰는 표현이다.

말문이 확 터지는 리듬 훈련 ♪

●과 파란 글씨는 **크고 강하게** 읽으면서 영어의 독특한 리듬을 익히자.

I made it myself. ↘

내가 직접 만들었어.

▶ 패턴 연습

He made it himself. ↘	그가 직접 만들었어.
She made it herself. ↘	그녀가 직접 만들었어.
They made it themselves. ↘	그들이 직접 만들었어.

I can't believe it. ↘

믿을 수 없어.

▶ 비슷한 표현

Are you kidding? ♪	농담이지?
That's nonsense. ↘	말도 안돼.
That's incredible! ↘	믿을 수 없어!

▶ kid 놀리다, 속이다
▶ nonsense 터무니없는
▶ incredible 믿어지지 않는

You did a good job. ↘

잘 했어.

▶ 비슷한 표현

That's great. ↘	훌륭해.
Excellent. ↘	아주 잘 했어.
Well done. ↘	잘 했구나.

▶ excellent 훌륭한

 "That's right." 이 무슨 뜻이죠?

➡ right은 [옳은, 맞은]이라는 뜻으로, That's right.은 [맞았어.]라는 뜻입니다. Right!이나 Right on!이라고도 해요. 또, [정답이야!]라는 뜻으로 Correct!, That's correct! 라는 표현이 있습니다. correct 역시 [정확한, 옳은]이라는 뜻입니다. 그리고 게임에서 따온 표현인, Bingo!라고 해도 [정답이야. 맞았어.]라는 말이 됩니다.

명사를 꾸며주는 말, 형용사

Sharon, that's a beautiful dress.

샤론, 드레스가 예쁘구나.

1. 형용사란?

새 차, 예쁜 여자, 높은 산, 쉬운 문제, 흰 눈처럼 명사나 대명사의 앞이나 뒤에 쓰여서, 이들을 꾸며 주는 말이다. 형용사는 생김새, 모양, 색깔, 크기 등과 같은 사람이나 사물의 상태나 성질을 나타내거나 수와 양을 나타낸다.

형용사 + 명사

That's a **beautiful** dress.
아름다운 드레스네요.

명사 + 형용사

I ate something **strange** yesterday.
나는 어제 이상한 것을 먹었어요.

2. 종류

✖ 성질이나 상태를 나타내는 형용사

성질

Tom lives in a **nice** house.
탐은 멋진 집에서 살아요.

상태

This bag is very **old**.
이 가방은 매우 낡았어요.

✖ 대명사이지만 형용사 역할을 하는 것

대명사

That mountain is very high.
저 산은 매우 높다.

✖ 수사

- 기수와 서수를 수사라 한다.
- 기수는 [하나, 둘, 셋]처럼 기본이 되는 수이고, 서수는 [첫째, 둘째, 셋째]처럼 차례를 나타내는 수이다.

기수	서수
one, two, three··· 1,　2,　3	**first, second, third···** 첫째,　둘째,　셋째

✖ 부정수량 형용사

- 정해지지 않은 수와 양을 나타내는 형용사이다.
- 수를 나타내는 many, a few, few, 양을 나타내는 much, a little, little, 수와 양을 모두 나타낼 수 있는 some, any, a lot, lots of가 이에 속한다.

수			양		
many 많은,	**a few** 조금 있는,	**few** 거의 없는	**much** 많은,	**a little** 조금 있는,	**little** 거의 없는

수 / 양			
some 약간,	**any** 약간,	**a lot** 많은,	**lots of** 많은

▶ p.124 회화에 꼭 필요한 문법에서 자세히 설명한다.

✖ 숫자 읽기

- 전화번호 : 한자리씩 읽는다. 0은 o/ou나 zero라고 읽는다.

9　　6　　7　-　0　　5　　8　　6
nine　six　seven　　0　　five　eight　six

- 시간 : 시, 분 순으로 읽는다.

3　:　27
three　twenty-seven

- 연도 : 두 자리씩 나눠서 읽는다.

2018
twentyeighteen

- 날짜 : 월, 일 순으로 읽는다. 일은 한자리 수를 서수로 읽는다.

10 월　25 일
October　twenty-fifth

- 전화번호 : 분자, 분모 순으로 읽는다. 분자는 기수, 분모는 서수로 읽는다. 분자가 2이상인 경우, 분모에 s를 붙인다.

$\frac{1}{4}$ one fourth　　$\frac{2}{4}$ two fourths

미국문화 엿보기 Self-service 셀프서비스

서비스는 어디까지나 돈으로 사는 것이죠.
특히 미국에서 서비스는 곧 돈입니다.
가장 쉬운 예로, **gas station** 주유소에서
기름을 넣는 것을 들 수 있죠.

주유소에서 기름을 넣을 때

주유소에는 full-service와 self-service 두 가지
가 있어 자신이 선택할 수 있습니다.
full-service는 종업원이 기름을 넣어 주는 것이고, self
-service는 운전자가 직접 기름을 넣는 것입니다.
self-service는 종업원의 인건비가 들지 않기 때문에, full-service
보다 요금이 10%정도 저렴합니다.

또한, 미국은
인건비가 비싸기
때문에 자신의
일은 자신이 직접하는
DIY Do-It-Yourself 문화가
발달해 있답니다.

warehouse store에서는
무엇이든 살 수 있죠.

그래서 남자들이 자신의 **garage** 차고에 공구를
준비해 두고, 집과 차를 손수 수리하지요.
슈퍼마켓에서도 공구 잡화들을 쉽게 구할 수 있고,
warehouse store 라고 하는 아주 커다란
상점이 있어, 이 곳에서는 집과 관련된 모든 것들을
살 수 있어요.
작은 못부터 집 앞의 잔디를 깎는
기계까지 없는 것이 없어요.

이런 가게에서 물건을 구입하여 자신이 직접 집에 필요
한 것을 만드는 일을 즐긴답니다.
페인트를 사다가 자신이 직접 칠하는 것은 물론, 책장도
나무를 사다가 직접 가구를 만들죠.

뚝~딱!
뚝~딱!

특히 자신의 집을 구입하였
을 경우, 그 집을 유지
하는데 필요한
많은 일들을
직접 하는 것
을 당연한 일
로 받아들이
고 있습니다.

09 I'm sorry to be late.

늦어서 죄송합니다.

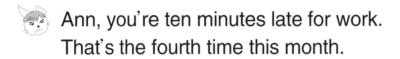

Ann, you're ten minutes late for work.
That's the fourth time this month.

I'm sorry to be late.
I was tied up in traffic.

Yes, I know. But that's no excuse.
It's very important to be on time every morning.

I'm very sorry. I won't be late again.

I hope not.

해 석

사장님   앤, 10분이나 늦었군요.
　　　　이달 들어 벌써 네번째예요.
앤　　　늦어서 죄송합니다.
사장님　오늘 차가 막혔어요.
　　　　나도 알아요. 하지만 그건 이유가 안돼요.
앤　　　매일 아침 시간을 지킨다는 것은 아주 중요한 거에요.
사장님　정말 죄송합니다. 다시는 늦지 않겠습니다.
　　　　나도 그러지 않길 바래요.

① **I'm sorry to be late.**
늦어서 죄송합니다.

② **I was tied up in traffic.**
차가 막혔어요.

③ **That's no excuse.**
그건 이유가 안돼요.

④ **I hope not.**
나도 그러지 않길 바래요.

Word power

- **late** 늦은, 지각한
- **for work** 직장에
- **time** (반복되는 일의)~번, ~회
- **tied up** ~에 매이다, 묶이다
- **traffic** 교통
- **I know** 알고 있다
- **important** 중요한
- **on time** 시간에 맞게
- **every morning** 매일 아침

 속이 다 시원한 **설명**

1 I'm sorry to be late.
늦어서 죄송합니다.

미안한 이유를 설명할 때는 I'm sorry 다음에 for나 to를 사용한다.
이 때, for 다음에는 명사나 ~ing형태를 쓰고, to 다음에는 동사원형을 쓴다.
또한 I'm sorry 이후에 '주어 + 동사' 가 있는 문장을 넣어도 된다.

예 **I'm sorry to be late.**   =   **I'm sorry for being late.**
늦어서 죄송합니다.   **I'm sorry, I'm late.**

2 I was tied up in traffic.
차가 막혔어요.

tied up은 '~에 매이다, 묶이다' 라는 뜻으로, tied up in traffic은 '교통에 묶이다' 즉, '차가 막히다' 라는 뜻이다. I'm tied up.이라고 하면, '일이 많아서 바쁘다' 라는 뜻이다.

3 That's no excuse.
그건 이유가 안돼요.

excuse   변명, 핑계, 이유 ; **명사**
          용서하다 ; **동사**

예 **Don't make an excuse.**   핑계대지 마.
He excused my fault.   그는 내 잘못을 용서해 줬어.
Excuse me.   실례합니다.

4 I hope not.
나도 그러지 않길 바래요.

I hope not.은 상대방이 부정으로 말했을 때, 거기에 동의하는 표현이다. 상대방이 긍정으로 말한 것에 동의할 때는 I hope so.나도 그럴 바래라고 한다.

예 A: **I won't make mistakes.**   B: **I hope not.**
난 실수하지 않을 거야.   나도 그러지 않길 바래.

A: **I will be an actor.**   B: **I hope so.**
나는 배우가 될 거야.   나도 그러길 바래.

●과 파란 글씨는 **크고 강하게**
읽으면서 영어의 독특한 리듬을 익히자.

I'm sorry to be late. ↘

늦어서 **죄송합니다.**

▶ 비슷한 표현

I'm so sorry. ↘ — 정말 **죄송합니다.**

I apologize to you. ↘ — **사과드립니다.**

It's my fault. ↘ — 제 **잘못입니다.**

▶ apologize 사과하다
▶ fault 결점, 잘못

I was tied up in traffic. ↘

차가 막혔어요.

▶ 비슷한 표현

The traffic was heavy. ↘ — 차가 **막혔어요.**

There was a traffic jam. ↘ — **교통체증**이 있었어요.

Traffic is backed-up. ↘ — 길이 완전히 **주차장**이에요.

▶ jam 교통 체증
▶ back-up 앞, 뒤로 차가 꽉 차서 꼼짝할 수 없는 상태

That's no excuse. ↘

그건 **이유가 안돼요.**

▶ 비슷한 표현

Don't make an excuse. ↘ — **핑계대지 마.**

That's just an excuse. ↘ — 그것은 **핑계**에 불과해.

▶ make an excuse 핑계를 대다
▶ just 단지

Q/A I know와 I see는 둘 다 "알아요"라는 뜻인데, 무슨 차이가 있나요?

➡ I know는 상대방이 한 말을 이미 알고 있었을 때, "나 원래 알고 있었
어"라는 뜻으로 쓸 수 있는 말입니다.
I see 는 상대방의 말을 듣고 어떤 사실을 알게 됐을 때 "아~알겠다"라
는 뜻으로 쓰는 말입니다.
예를 들어, 어려운 수학 문제 푸는 방법을 친구가 좌~악 설명해 줄 때,
이미 그 문제를 푸는 방법을 알고 있었다면, I know.라고 말하면 되고,
문제 푸는 방법을 모르고 있었다면, I see.라고 하면 되는 것입니다.

회화에 꼭✓ 필요한 **문법**

이것저것 다 꾸며주는 **부사**

I'm **very** sorry. 정말 죄송합니다.

1. 부사란?

문장의 필수 성분은 아니지만, 동사나 형용사, 다른 부사를 꾸며주거나 문장 전체를 수식해서,
문장의 의미를 좀 더 강하고 분명하게 나타내 준다.

| 동사 수식 | He studies **hard.** | 그는 열심히 공부해요. |

| 형용사 수식 | It was **really** hot. | 날씨가 정말 더웠어. |

| 부사 수식 | Thank you **very** much. | 정말 고마워. |

| 문장전체 수식 | **Fortunately** nobody was wounded. | 다행히 아무도 다치지 않았어. |

2. 형태

대부분의 부사는 형용사에 ly를 덧붙인 형태이지만, very나 much처럼 그렇지 않은 경우도 있다.
또한, 형용사와 부사의 형태가 같은 경우도 있다.

❖ 대부분의 부사는 형용사 + ly의 형태이다

형용사 **+** ly **=** 부사

조용한	silent	▷	silently	조용하게
행복한	happy	▷	happily	행복하게
조심스러운	careful	▷	carefully	조심스럽게

❖ 형용사와 부사의 형태가 같다

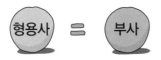

빠른	fast	▷	fast	빨리
열심히 하는	hard	▷	hard	열심히, 몹시
높은	high	▷	high	높게

[형용사]

She is a fast runner.

그녀는 빠른 달리기 선수다.

[부사]

She runs fast.

그녀는 빨리 달린다.

3. 위치

형용사나 부사를 수식할 때는 부사를 그 말 바로 앞에 둔다. 시간을 나타내는 부사는 문장 맨앞
이나 맨 뒤에 둔다는 등의 공식이 있지만, 이런 걸 다 외워서 적용시키다가는 평생가도 부사 한
마디 못할 것이다. 부사는 강조하려고 하는 말 가까이에 놓인다는 점을 바탕으로, 여러 문장을
연습하면서 감을 익히는 것이 좋다.

I'm 부사 sorry.

강조하려고 하는 말 가까이에 놓인다

I'm very sorry.

정말 죄송합니다.

I met him yesterday.

어제 그를 만났어.

✖ 빈도부사

• 어떤 일을 자주 하는지, 가끔 하는지를 나타내는 부사를 빈도부사라고 한다. 한마디로 횟수를
 나타내는 부사이다. 이런 빈도부사는 be동사나 조동사 뒤에, 일반동사 앞에 위치한다.

always	항상	usually	보통	often	종종
sometimes	가끔	seldom	좀처럼 ~않다	never	절대 ~않다

Rose always has breakfast at seven. 로즈는 항상 7시에 아침을 먹어.

I usually get off work at five. 나는 보통 5시에 퇴근해.

Brian is often late. 브라이언은 종종 지각하곤 해.

미국문화 엿보기 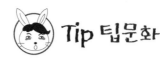 Tip 팁문화

팁문화에 익숙하지 않은 우리나라 사람들은 팁을 주는 것이 어색하고, 부자연스러워서 팁을 주는 것에 부담을 느끼기도 합니다.
하지만, 미국에서는 서비스를 받으면 팁을 주는 것이 관습처럼 되어 있어요!

일반적으로 식사를 마친 후 자리에서 계산을 하는데, 음식값과 함께 보통 10~15% 정도의 팁을 줍니다. 그러나 요즘은 계산서에 팁이 포함되어 있는 경우도 있지요.

결제수단이 신용카드일 경우에는 계산서와 신용카드를 주면 카드 영수증에 금액을 적어서 서명을 받으러 옵니다.
자세히 살펴보면, 합계란이 비어 있고, 바로 윗칸에 팁란이 있습니다. 여기에 주고 싶은 팁의 액수와 합계를 적은 후 서명하면 됩니다.

청구서에 서비스 요금이 포함되어 있는 경우, 음식값을 테이블 위에 놓아둡니다.

택시를 탈 경우에도 팁을 주는데, 역시 요금의 10~15% 정도를 주면 되요. 가까운 거리를 가더라도 최소한 50센트는 주어야 하고, 잔돈을 받아야 할 경우에는 팁을 뺀 금액을 말해요.

팁이 없어 택시를 못 타다니...

호텔에서는 특별히 폐를 끼친 경우가 아니라면 객실 종업원에게 팁을 주지 않아도 되요. 그러나 룸서비스를 부탁한 경우에는 10달러 정도를 주지요.

미용실에서는 팁이 많이 들어요. 우리나라에서는 머리를 자르거나 퍼머를 할 경우, 샴푸를 해주고, 드라이를 해주는 것에 따로 돈이 들지 않지만, 미국에서는 머리를 자르면서 샴푸를 하고, 드라이를 할 경우 커트담당, 샴푸담당, 드라이 담당에게 따로따로 팁을 주어야 해요.

팁이 없어 미용실을 못가다니...

10 Winter is my favorite season.

겨울은 내가 가장 좋아하는 계절이야.

10

Winter is my favorite season.

 Do you like winter?

 No, I hate winter. I'm tired of cold and snow.

 Not me! Winter is my favorite season.

 Why?

 Because I can enjoy skiing. I love to ski.
Which season do you like best?

 I like summer best.

 Summer is hot, isn't it?

 It's hot, but I can swim in the sea.

해 석

피 터   너는 겨울을 좋아하니?

스티븐   아니, 난 겨울 싫어해. 추위와 눈이 너무 싫어.

피 터   난 아닌데. 겨울은 내가 가장 좋아하는 계절이야.

스티븐   왜?

피 터   스키를 즐길 수 있잖아. 나는 스키를 정말 좋아해.
        너는 어떤 계절을 제일 좋아해?

스티븐   나는 여름을 제일 좋아해.

피 터   여름은 덥지 않아?

스티븐   덥지만, 바다에서 수영할 수 있잖아.

① **I'm tired of cold and snow.**
추위와 눈이 너무 싫어.

② **Not me!**
난 아닌데.

③ **Winter is my favorite season.**
겨울은 내가 가장 좋아하는 계절이야.

④ **Summer is hot, isn't it?**
여름은 덥지 않아?

Word power

- **hate** 싫어하다
- **be tired of** ~가 지겨운
- **cold** 추운, 추위
- **favorite** 매우 좋아하는
- **season** 계절
- **because** 왜냐하면
- **hot** 더운
- **swim** 수영하다

1 I'm tired of cold and snow.
추위와 눈이 너무 싫어.

be tired of는 '~가 지겨운, ~이 싫증난' 이라는 뜻으로, 어떤 일이 정말 싫을 때, 미국인들이 자주 쓰는 표현이다. tired 대신에 sick을 써도 같은 뜻이 된다.

2 Winter is my favorite season.
겨울은 내가 가장 좋아하는 계절이야.

상대방이 What's your favorite season? 좋아하는 계절이 언제입니까? 라고 질문을 했을 때의 대답이다. favorite은 매우 좋아하는 것을 물을 때나 대답할 때 쓰는 표현이다.

예 A: What's your favorite season?　　좋아하는 계절이 언제야?
　　B: Winter is my favorite season.　　겨울은 내가 제일 좋아하는 계절이야.

3 Which season do you like best?
너는 어떤 계절을 가장 좋아해?

Which는 일정한 수의 사람이나 물건 중 어느 한 쪽을 선택할 때 쓴다.

예 Which book is yours?　　어느 책이 네 책이니?　**물건**
　 Which is taller?　　어느 쪽이 키가 더 크니?　**사람**

4 Summer is hot, isn't it?
여름은 덥지 않아?

부가의문문은 '주어 + 동사~, 동사 + 주어?' 이다. 자신이 말한 내용을 상대방에게 동의를 구하거나 확인을 하고 싶을 때, 부가의문문을 이용한다. '그렇죠?' 또는 '안 그런가요?' 라는 의미이다.

예 This is your book, isn't it?　　이거 네 책이지, 안 그러니?
　 You don't like sports, do you?　　넌 스포츠를 좋아하지 않지, 그렇지?

말문이 확 터지는 리듬 훈련 ♪

●과 파란 글씨는 **크고 강하게** 읽으면서 영어의 독특한 리듬을 익히자.

I'm tired of cold and snow. ↘

추위와 눈이 너무 싫어.

▶▶ 비슷한 표현

I'm sick of cold and snow. ↘ 추위와 눈이 싫어.

I don't like cold and snow. ↘ 〃

I hate cold and snow. ↘ 추위와 눈을 정말 싫어해.

▶ be sick of ~가 지겨운

Winter is my favorite season. ↘

겨울은 내가 가장 좋아하는 계절이야.

▶▶ 비슷한 표현

My favorite season is winter. ↘ 내가 제일 좋아하는 계절은 겨울이야.

I like winter best. ↘ 나는 겨울을 제일 좋아해.

I love winter. ↘ 나는 겨울이 너무 좋아.

Which season do you like best? ↘

너는 어떤 계절을 가장 좋아해?

▶▶ 패턴 연습

Which tooth pains you? ↘ 어느 이가 아프세요?

Which book is yours? ↘ 어느 것이 당신 책이예요?

Which is taller? ↘ 어느 쪽이 키가 더 큰가요?

▶ tooth 이
▶ pain 고통을 주다

Q/A 부가의문문을 좀 더 알려주세요. – Summer is hot, isn't it?

➡ 1. 말의 순서는 [주어 + 동사~, 동사 + 주어?] 입니다.

2. 앞문장이 긍정이면 뒤의 부가의문문은 부정으로, 앞문장이 부정이면 뒤는 긍정으로 만들어야 합니다.

3. 부가의문문의 주어는 앞에 나온 주어를 대명사로 바꾼 것이므로, 앞의 주어가 this/that이면 it으로, these/those이면 they로 바꾸면 됩니다.

4. be동사와 조동사는 그대로 부가의문문에 사용하지만, 일반동사는 do나 does로 바꿉니다.

5. 시제는 앞문장과 같게 합니다.

회화에 꼭 필요한 문법

의문문으로 궁금한 것 물어보기

Do you like winter?   너는 겨울을 좋아하니?

1. be동사가 들어간 의문문

[주어 + be동사]로 이루어진 문장을 의문문으로 바꿀 때는 be동사와 주어의 자리만 바꾸면 된다.

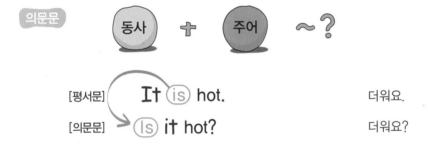

[평서문]   **It** (is) hot.   더워요.

[의문문]   (Is) **it** hot?   더워요?

☞ 대답 ➡ Yes, it is (hot).네, (더워요.), 또는 No, it isn't (hot).아니오, (덥지 않아요.)이라고 한다. 괄호 안의 말은
보통 생략한다. 간단하게 Yes.나 No.로 대답해도 된다.

[평서문]   **She** (was) a tennis player.   그녀는 테니스 선수였어요.

[의문문]   (Was) **she** a tennis player?   그녀는 테니스 선수였어요?

☞ 대답 ➡ Yes, she was (a tennis player).네, (테니스 선수였어요.) 또는 No, she wasn't (a tennis player).
아니오, (테니스 선수가 아니었어요.)라고 한다. 괄호 안의 말은 보통 생략한다. 간단하게 Yes.나 No.로 대답해도 된다.

2. 일반동사가 들어간 의문문

[주어 + 일반동사]로 이루어진 문장을 의문문으로 바꿀 때는 do를 주어 앞으로 위치하고, 주어
다음에 동사원형을 쓴다. 3인칭 단수일때는 do 대신에 does를 사용하고, 과거일 때는 did를 사
용한다. 이때 do는 일반동사가 아니라 조동사라는 점을 알아두자.

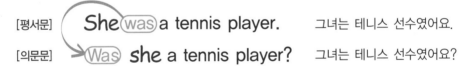

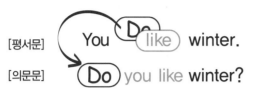

[평서문] You Do (like) winter.   당신은 겨울을 좋아해요.

[의문문] (Do) you like winter?   겨울을 좋아해요?

☞ 긍정의 대답 ➡ Yes, I do.네.나, Yes, I like winter.네, 겨울을 좋아해요.라고 한다.
부정의 대답 ➡ No, I don't (like winter).아니오, (겨울을 싫어해요.)이다. 괄호 안의 말은 생략할 수 있다.

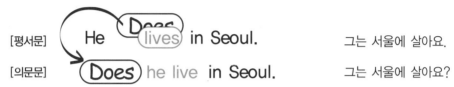

[평서문] He Does (lives) in Seoul.   그는 서울에 살아요.

[의문문] (Does) he live in Seoul.   그는 서울에 살아요?

☞ 긍정의 대답 ➡ Yes, he does.네.나 Yes, he lives in Seoul.네, 서울에 살아요.라고 한다.
부정의 대답 ➡ No, he doesn't (live in Seoul).아니오, (서울에 살지 않아요.)라고 한다.

3. 의문사가 들어간 의문문   의문사를 이용해서 질문할 때의 말의 순서는 다음과 같다.

✖ 의문사와 be동사가 있는 의문문

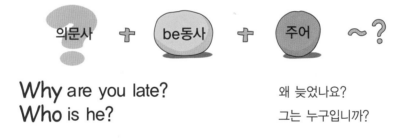

의문사 ✚ be동사 ✚ 주어 ~?

Why are you late?   왜 늦었나요?
Who is he?   그는 누구입니까?

✖ 의문사와 일반동사가 있는 의문문

의문사 ✚ do does did ✚ 주어 ✚ 동사원형 ~?

Why do you like winter?   왜 겨울을 좋아해요?
Where does Tom live?   탐은 어디에 살아요?

▶ p.156 회화에 꼭 필요한 문법에서 자세히 설명한다.

미국문화 엿보기 의성어와 의태어

cock-a-doodle-do 칵카 두들 두

oink 오잉크

moo 무우

bow-wow 바우와우

buzz 버저

roar 로어

mew 뮤우

tap-tap-tap 탭탭탭

sizzle 씨즐

tick-tock 틱탁

Yum-Yum 염염

Pop 팝

growl 그라우얼

honk honk 항크항크

11 What's your hobby?

취미가 뭐에요?

11

취미가 뭐에요?

What's your hobby?

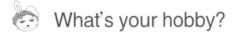 What's your hobby?

I like sports very much.
I'm into inline skating these days.

I don't like sports.

Why not?

I'm not good at sports.

Well, what do you do in your free time?

Listen to music or read novels.

What kind of music do you like?

I love classical music best.

Oh, I don't like it. It's boring.

해 석

신 디   취미가 뭐에요?

토 미   스포츠를 매우 좋아해요.
        요즘은 인라인 스케이트에 푹 빠져 있어요.

신 디   저는 운동을 싫어해요.

토 미   왜요?

신 디   운동을 잘 못하거든요.

토 미   그럼, 시간이 날 땐 뭘 하세요?

신 디   음악을 듣거나 소설을 읽어요.

토 미   어떤 음악을 좋아해요?

신 디   클래식을 가장 좋아해요.

토 미   나는 싫던데. 너무 지루해요.

① What's your hobby?
취미가 뭐에요?

② I'm not good at sports.
운동을 잘 못하거든요.

③ What do you do in your free time?
시간이 날 땐 뭘 하세요?

④ It's boring.
너무 지루해요.

Word power

- hobby 취미
- be into ～에 푹 빠져있다
- novel 소설
- be good at ～를 잘 하는
- free time 여가시간
- listen 듣다
- read 읽다
- boring 지루한

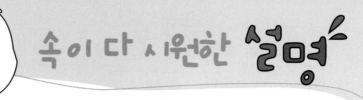
속이 다 시원한 설명

① What's your hobby? 취미가 뭐에요?

위의 질문에 My hobby is~ 라고 대답하는 것이 가장 무난하다. like, love, be interested in도 취미를 말할 때 사용할 수 있다.

> 예 My hobby is football.   내 취미는 축구에요.
> I like/love football.   나는 축구를 좋아해요.
> I'm interested in football.   축구에 관심이 있어요.

② I'm not good at sports. 운동을 잘 못해요.

be good at ~를 잘하는 앞에 not을 붙이면, be good at과 반대되는 뜻인 '~를 잘 못하는, ~에 능숙하지 못한' 이라는 뜻이 된다. be poor at도 같은 뜻이다.

> 예 A: I am good at playing the piano.   나는 피아노를 잘 쳐요.
> B: I'm not good at playing the piano.   나는 피아노를 잘 못 쳐요.
> ＝ I'm poor at playing the piano.

③ What do you do in your free time? 시간이 날 땐 뭘 하세요?

What's your hobby?처럼 상대방의 취미를 묻는 표현이다. '여가시간' 은 free time 또는 spare time이라고 한다.

④ What kind of music do you like? 어떤 음악을 좋아해요?

What kind of 다음에 color, food, movie 같은 단어를 넣어서 상대방의 취향 을 물을 수 있다.

말문이 확 터지는 리듬 훈련 ♪

What's your hobby? ↘

취미가 뭐예요?

▶ 비슷한 표현

What are you interested in? ↘   당신은 무엇에 관심이 있어요?

What do you do in your free time? ↘   여가시간에 무엇을 하세요?

How do you spend your free time? ↘   여가시간을 어떻게 보내세요?

▶ spend 사용하다

I'm not good at sports. ↘

운동을 잘 못해요.

▶ 패턴 연습

I'm not good at cooking. ↘   요리를 잘 못해요.

I'm not good at math. ↘   수학을 잘 못해요.

I'm poor at swimming. ↘   수영을 잘 못해요.

▶ cooking 요리
▶ math 수학

What kind of music do you like? ↘

어떤 음악을 좋아해요?

▶ 패턴 연습

What kind of food do you like? ↘   어떤 음식을 좋아해요?

What kind of color do you like? ↘   어떤 색깔을 좋아해요?

What kind of movie do you like? ↘   어떤 영화를 좋아해요?

▶ what kind of 어떤 종류의~

soap은 "비누"라는 말인데, 미국에서는 드라마를 왜 soap opera라고 하죠?

➡ soap opera는 원래 낮동안에 가정주부를 상대로 방송되던 멜로드라마 melodrama를 말합니다.
예전에는 이런 멜로드라마를 Ivory나 Dial, Dove 같은 비누회사들이 스폰서를 했어요. 그래서 "비누"를 뜻하는 soap을 사용해 soap opera라고 부르게 된 것입니다.

회화에 꼭 필요한 문법

부정문으로 아닌 건 아니라고 말하기

I don't like sports. 저는 운동을 싫어해요.

1. be동사의 부정문

be동사 뒤에 not만 붙이면 된다. 뜻은 [~가 아니다, ~하지 않다]이다. 하지만 be동사가 주어에 따라 모양이 달라지고, 회화에서는 be동사와 not을 축약해서 쓰기 때문에 약간 혼동될 수도 있다.

부정문

주어 + be동사 + not ~

나는	이다	아니	학생이
I	**am**	**not**	**a student.**

긍정   I am a student.   나는 학생이다.

부정   I am **not** a student.   나는 학생이 아니다.

You are stupid.   너는 어리석어.
⋯► You are **not** stupid.   너는 어리석지 않아.

He is kind.   그는 친절해.
⋯► He is **not** kind.   그는 친절하지 않아.

2. 일반동사의 부정문

동사 앞에 do not을 붙이는데, 주어가 3인칭 단수이면 does not을 붙인다. 그러나 대화에서는 이들의 줄임말인 don't와 doesn't를 더 많이 사용하며, 과거의 행동을 부정할 때는 인칭에 상관없이 did not(didn't)을 붙인다.

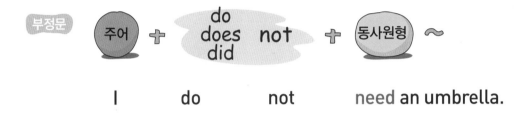

| 긍정 | I need an umbrella. | 나는 우산이 필요해. |

| 부정 | I **don't** need an umbrella. | 나는 우산이 필요 없어. |

Andy loves you.   앤디는 너를 사랑해.
⋯▶ Andy **doesn't** love you.   앤디는 너를 사랑하지 않아.

My sister went to school.   내 여동생은 학교에 갔어.
⋯▶ My sister **didn't** go to school.   내 여동생은 학교에 가지 않았어.

▪ 꼭 알아두자 ▪

be동사/do＋not은 줄여서 나타낼 수 있다.

- is not → isn't
- are not → aren't
- was not → wasn't
- were not → weren't
- do not → don't
- does not → doesn't
- did not → didn't

미국문화 엿보기 Credit 크레딧

한때, 손쉽게 만들 수 있던 신용카드!
우리나라는 이런 신용카드 남발로 인해,
수많은 신용 불량자를 만들어 내는 등
심각한 사회문제가 있었죠.

Credit 신용

미국에서는 신용카드를 만들기가 쉽지 않습니다.
신용카드를 발급 받기 위해서는 필수조건이 있는데 반드시
Credit 크레딧이 좋아야 합니다. Credit은 우리말로 하자
면 '신용'에 해당되는데, 보통 '은행 신용 등급' 같은 것
으로 생각하면 됩니다. 미국 생활을 하다보면 Credit이
없으면 현금만으로는 생활하기가 매우
불편합니다.

대출을 받을 경우에 Credit이 없으면 비싼
이자를 내야 합니다. 전기, 가스, 전화 등의
서비스를 신청할 때도 Credit이 없으면 보
증금을 내야하고, 세금 공제 혜택조차 없어
서 금전적으로 매우 손해를 보게 됩니다.
대신에, Credit만 좋으면 모든 비지니스를
융자받은 돈으로 할 수 있을
정도입니다.

Credit이 얼마나 중요한지 알것 같아요.
와~ Credit에 따라 융자를 받았을 때,
갚아야 할 이자율도 달라지네요.
그러니 미국에서는 Credit이 곧 재산이고
돈이라는 거네요.

이런 Credit은 대출이 있거나 신용카드가 있으면 쌓기가 수월합니다. 대출을 받거나
신용카드를 사용할 때, 연체 없이 대금지불일에 정확하게 지불한다면 Credit은 계속 쌓이는 거죠.
하지만, 어떤 이유에서건 연체료를 지불하게 되면, Credit은 손상됩니다.
미국에서는 Credit이 매우 광범위하게 적용되기 때문에, 자신의 Credit을 잘 관리하는 것이 매우 중요
합니다.

Credit이 미국에선
최고의 대우를 받게 해주는 열쇠니까...
관리 잘해야되요.

12 How's the weather in Hawaii?

하와이 날씨는 어때?

Hi, Jack. This is Sindy. I'm in Hawaii now.

 Hawaii? What are you doing there?

 I'm on vacation.

 How's the weather in Hawaii? Is it sunny?

 Yes, it is. It's sunny.

 Isn't it hot?

 No, it isn't. The weather is wonderful here.

 Are you having a good time?

 You bet. I'm having a good time.

 I envy you.

해 석

신 디 여보세요, 잭. 나 신디야.
　　　나 지금 하와이에 있어.

잭 　 하와이? 거기서 뭐 하고 있어?

신 디 휴가 중이야.

잭 　 하와이 날씨는 어때? 화창해?

신 디 응. 화창해.

잭 　 덥지는 않아?

신 디 아니. 여기 날씨가 너무 좋아.

잭 　 즐거운 시간 보내고 있어?

신 디 당연하지. 즐거운 시간 보내고 있어.

잭 　 네가 부럽다.

가장 많이 사용하는 표현
필수 표현

① I'm on vacation.
휴가 중이야.

② How's the weather in Hawaii?
하와이 날씨는 어때?

③ You bet.
당연하지.

④ I envy you.
네가 부럽다.

Word power

- **this is** 나는 ~이다 전화상
- **Hawaii** 하와이 지명
- **vacation** 휴가
- **sunny** 화창한
- **wonderful** 훌륭한
- **have a good time** 즐거운 시간을 보내다
- **envy** 부럽다

1 I'm on vacation.

휴가 중이야.

on에는 '상태나 경과가 진행중'이라는 뜻이 있다. 그래서, on vacation은 '휴가중'이라는 뜻이 된다. 또한 on sale 할인판매 중, on fire 불타고 있는 중에서 on도 '진행중'이라는 뜻이다.

2 How's the weather in Hawaii?

하와이 날씨는 어때?

How는 정도, 상태, 방법 등을 나타낼 때 사용한다.

예 [정도] How many people are there? 거기에 사람들이 얼마나 있어요?
　 [상태] How's your family? 가족들은 어떻게 지내세요?
　 [방법] How can I get to the station? 역은 어떻게 가야 합니까?

3 It's sunny.

화창해.

날씨, 시간, 거리, 명암 등을 나타낼 때 It is(It's)를 사용한다. 이 때 It은 의미가 없으므로, '그것'이라고 해석하면 안된다.

예 [날씨] It's rainy. 비가 와요.
　 [시간] It's ten o'clock. 10시에요.
　 [거리] It's 4 miles to the station. 역까지 4마일이에요.
　 [명암] It's too dark here. 여기는 너무 어두워요.

4 Are you having a good time?

즐거운 시간 보내고 있어?

'주어 + be동사 + ~ing'로 이루어진 진행형을 의문문으로 만드는 방법은 be동사와 주어의 자리를 바꾸기만 하면 된다.

예 [긍정] You are having a good time. 당신은 즐거운 시간을 보내고 있군요.
　 [의문] Are you having a good time? 당신은 즐거운 시간을 보내고 있나요?

말문이 확 터지는 리듬 훈련 ♪

I'm on vacation. ↘

휴가 중이야.

▶ 패턴 연습

It's on sale. ↘	할인판매 중이에요.
We are on strike. ↘	우리는 파업 중입니다.
My house is on fire. ↘	우리 집이 불타고 있어요.

It's sunny. ↘

화창해.

▶ 패턴 연습

It's rainy. ↘	비가 와요.
It's ten o'clock. ↘	10시에요.
It's 4 miles to the station. ↘	역까지 4마일이에요.
It's too dark here. ↘	여기는 너무 어두워요.

Have a good time. ↘

즐거운 시간 보내.

▶ 비슷한 표현

Have a nice day. ↘	좋은 하루 되세요.
Have a wonderful weekend. ↘	즐거운 주말 보내세요.
Have a nice vacation. ↘	멋진 휴가 보내세요.

"춥다"나 "덥다" 같은 날씨 표현을 알고 싶어요.

➡ 우선 날씨를 물어보는 표현은 How's the weather? "날씨가 어때?" What's the weather like today? "오늘 날씨 어때요?"를 많이 사용합니다. 그럼 날씨를 나타내는 표현을 알아봅시다.

· **It's sunny.** 화창해요.   · **It's hot.** 더워요.
· **It's cold.** 추워요.   · **It's raining.** 비가 와요.
· **It's snowing.** 눈이 와요.   · **The weather is fine.** 날씨가 좋아요.

115

회화에 꼭 필요한 문법

○ 쭈~욱 계속되는 일을 나타내는 **진행형**

I'm having a good time. 즐거운 시간 보내고 있어.

1. 진행형이란?

어떤 일이 계속되고 있는 것을 나타내는 표현이다. 지금 이 순간에 동작이나 상태가 계속되고 있으면 현재진행형으로, 과거의 어느 시점에 행동이나 상황이 진행되고 있었으면 과거진행형으로 나타낸다.

현재진행형 　What **are** you **doing** now?　지금 뭐 하고 있어?

과거진행형 　What **were** you **doing** then?　그때 뭐 하고 있었어?

✖ 동사의 진행형 만들기

❖ 대부분의 동사는 동사원형에 ing를 붙인다

 ＋ ing

sleep ▷ sleeping 자다
walk ▷ walking 걷다
fall ▷ falling 떨어지다

❖ 강세가 있는 모음 + 자음으로 끝나는 동사는 끝자음을 한번 더 쓰고 ing를 붙인다

모음＋자음 ＋ 자음 ＋ ing

sit ▷ sitting 앉다
run ▷ running 달리다
plan ▷ planning 계획하다

come	▷	coming	오다
use	▷	using	사용하다
write	▷	writing	쓰다

2. 현재진행형

지금 이 순간에 진행 중인 동작이나 상태를 나타내며, [~하고 있다]라는 뜻이다. be동사 다음에 [동사원형 + ing]를 붙이면 되는데, be동사는 주어에 따라 am, are, is를 쓴다.

am
are   +   동사원형   +   ing
is

I'm eating spaghetti now.   나 지금 스파게티를 먹고 있어.
You **are seeing** Susan, aren't you?   너 수잔이랑 사귀고 있지, 그렇지?

3. 과거진행형

과거의 어느 시점에 행동이나 상황이 진행되고 있었거나 반복되는 것을 나타내며, [~하고 있었다]라는 뜻이다. 현재진행형과 마찬가지로 be동사에 [동사원형 + ing]를 붙이면 되는데, be동사는 주어에 따라 was나 were를 쓴다.

was
      +   동사원형   +   ing
were

They **were playing** tennis this morning.
그들은 오늘 아침에 테니스를 치고 있었어.

He **was drinking** at the bar last night.
그는 어젯밤에 술집에서 술을 마시고 있었어.

117

미국문화 엿보기 Garage Sale 게러지 세일

우리나라에서는 절대(?) 볼 수 없는 풍경 중 하나인 **Garage Sale** 게러지 세일, 차고 세일은 말 그대로 개인이 자기 집 주차장에서 물건을 파는 것을 합니다.

Garage Sale 차고 세일 = **Yard Sale**

집에서 쓰던 물건이나 소용없게 된 물건, 보관만 하고 있던 집기 등을 아주 저렴한 가격에 파는 것이죠. 자기집 마당에서 판다고 해서 마당을 뜻하는 Yard를 붙여 Yard Sale 이라고 부르기도 해요.

Garage Sale은 대부분 주말에 열리는데, 금요일판 일간지를 보면 광고를 통해 장소와 시간, 구입할만한 물품 등을 미리 알 수 있어요. 또한, 길거리 전신주에 Sale을 알리는 조그만 광고물과 화살표를 붙이기도 해요.

집집마다 차이는 있지만 가구, 그릇, 의류, 책, 장난감, 자동차 물품에서 자전거, 스키 등 제법 값나가는 물건까지 팝니다. 물론 새것을 찾기는 어렵지만 오히려 좀 묵어 보여서 정감이 가는 가구와 새것을 장만하기가 수월치 않은 물품 등을 싼 값에 얻을 수 있어 만족스럽습니다.

이런 **Garage Sale**과 비슷한 세일들이 여러 가지 있어요. 미국은 가구가 딸린 채 집을 임대하는 것이 보통이지요.

그래서 이사를 하면서 이삿짐 정리 후 가져가지 않을 물건을 파는데, 이것을 **Moving Sale**이라고 합니다. 또한, 봄에 집안을 대청소하고 난 후 쓸모없는 물건을 내다 파는 것을 **Spring Sale**이라고 합니다.

13 ✿ How much is the fare?

요금이 얼마입니까?

13

How much is the fare?

 Good evening. Where to?

 Hilton Hotel, please.

 All right.

 How long does it take to get there?

 About ten or fifteen minutes.

| later

 Here we are.

 How much is the fare?

 That will be 12 dollars.

 Here you are. Keep the change.

 Thank you. Have a good night.

해 석

기 사   안녕하세요. 어디까지 가십니까?
손 님   힐튼호텔이요.
기 사   알겠습니다.
손 님   거기까지 가는데 시간이 얼마나 걸리죠?
기 사   10분에서 15분쯤 걸립니다.
　　　　잠시후
기 사   다 왔습니다.
손 님   요금이 얼마입니까?
기 사   12달러입니다.
손 님   여기 있어요. 잔돈은 가지세요.
기 사   감사합니다. 좋은 밤 보내십시오.

가장 많이 사용하는 표현

필수 표현

① Where to?
어디까지 가십니까?

② How long does it take to get there?
거기까지 가는데 시간이 얼마나 걸리죠?

③ How much is the fare?
요금이 얼마입니까?

④ Keep the change.
잔돈은 가지세요.

Word power

- **where to?** 어디로 갑니까?
- **how long** 얼마나 오래
- **about** 대략
- **how much** 얼마나 많이
- **fare** 요금
- **keep** 유지하다
- **change** 거스름돈, 잔돈 명사

1 ## Where to?   어디까지 가십니까?

택시를 탔을 때 운전기사가 승객에게 목적지를 묻는 말이다. '~로 가 주세요' 라는 표현은 City Hall, please. 시청이요처럼 목적지를 말하고, please를 붙이면 된다.

예 **Where to?** = **Where do you want to go?**
어디까지 가십니까?   어디까지 가십니까?

2 ## How long does it take to get there?
거기까지 가는데 시간이 얼마나 걸리죠?

How long does it take~?은 시간이 얼마나 걸리는지 묻는 표현이다. 여기서 get은 '도착하다' 라는 뜻이다. 또한 How long is + 명사?는 사물의 길이를 묻는 말이다.

예 **How long is that bridge?**   저 다리의 길이는 얼마입니까?

3 ## About ten or fifteen minutes.   10분에서 15분쯤 걸립니다.

about은 보통 '~에 대해서' 라는 뜻으로 쓰지만, 수나 양을 나타낼 때는 '대략, 약' 이라는 뜻으로 쓴다.

예 **We are talking about her.** 우리는 그녀에 대해서 이야기하고 있어요.
   It's about 5 miles.   약 5마일정도에요.

4 ## How much is the fare?   요금이 얼마입니까?

fare는 버스, 비행기, 기차 같은 교통수단의 운임, 요금을 말한다.

말문이 확 터지는 리듬 훈련 ♪

파란 글씨는 **크고 강하게** 읽으면서 영어의 독특한 리듬을 익히자.

교통수단을 이용할 때 사용할 수 있는 표현

▶ 택시

Can you pull over there? ♪   저기에 좀 세워주시겠어요?

Would you step on it? ♪   속력을 좀 내 주실래요?

▶ 버스

Where is the bus stop? ↘   버스 정류장이 어디입니까?

How often does the bus run? ↘   얼마나 자주 버스가 옵니까?

Does this bus go to the zoo? ♪   이 버스가 동물원에 갑니까?

▶ bus stop 버스 정류장

▶ 기차

Which line should I take? ↘   몇 호선을 타야 합니까?

You should go out exit No.2. ↘   2번 출구로 나가면 됩니다.

Where can I take the train? ↘   기차는 어디에서 탑니까?

▶ exit 출구

▶ 비행기

I need a ticket to New York. ↘   뉴욕행 비행기표 주세요.

When is the departure time? ↘   출발시간이 어떻게 되죠?

▶ departure 출발

 Q/A

가격을 나타내는 말로, fare, charge, fee, cost, price 등이 있던데, 차이가 뭔가요?

➡ fare 버스, 기차, 비행기 같은 운송수단을 이용할 때 내는 요금

charge 수수료, 배달료, 전기요금 같이 의무적으로 부과되는 요금

fee 어떤 일을 해주고 나서 받는 돈 변호사비, 병원 진찰비, 수업료 등을 말할 때 쓰임.

cost & price 주로 가게에서 어떤 물건을 팔 때 붙이는 가격

그래서 물건의 가격을 물어보는 표현이 How much does it cost? 입니다 얼마에요?

회화에 ✓ 꼭 필요한 문법

수와 양을 나타내는 표현들

How much is the fare? 요금이 얼마입니까?

1. many와 much

둘 다 [많은]이라는 뜻이지만, many는 [셀 수 있는 것이 많다]라는 뜻이고, much는 [셀 수 없는 것이 많다]라는 뜻이다.

> 수   I have **many** books.   셀 수 있다   나는 책이 많다.

> 양   I have **much** money.   셀 수 없다   나는 돈이 많다.

many ⋯ [수]   많은   [양] ⋯ much

✖ How + many / much 로 수와 양 나타내기

⇨ How many는 [셀 수 있는 것의 수]를 물을 때 쓰고, How much는 [셀 수 없는 것의 양]을 물을 때 쓴다.

> 수   **How many** students are in the class?   셀 수 있다   교실에 학생이 얼마나 있어?

> 양   **How much** sugar do you have?   셀 수 없다   설탕을 얼마나 가지고 있니?

How many ⋯ [수]   얼마나 많이   [양] ⋯ How much

2. a few와 a little

a few와 a little은 각각 many와 much의 반대말 정도로 생각하면 된다. 둘 다 [조금]이라는 뜻이지만, a few는 [셀 수 있는 것이 조금 있는]이라는 뜻이고, a little은 [셀 수 없는 것이 조금 있는]이라는 뜻이다.

수　I have **a few** books. 셀 수 있다　나는 책을 몇 권 가지고 있다.

양　I have **a little** money. 셀 수 없다　나는 돈이 조금 있다.

a few ···· [수]　　약간　　[양] ···· a little

3. some과 any

둘 다 [약간]이라는 뜻이지만, some은 긍정문에서, any는 의문문과 부정문에 쓴다.
some과 any는 수와 양을 모두 나타낼 수 있다.

긍정문　I have **some** books. 셀 수 있다　나는 책을 몇 권 가지고 있다.

의문문　Do you have **any** money? 셀 수 없다　너 돈 좀 있니?

some ···· [긍정문]　　약간　　[의문문 · 부정문] ···· any

· 꼭 알아두자 · [수와 양을 나타내는 표현 총정리]

수　many 많은　>　a few 조금 있는　>　few 거의 없는

양　much 많은　>　a little 조금 있는　>　little 거의 없는

I have many books. 나는 책이 많다.	I have much money. 나는 돈이 많다.
I have a few books. 나는 책을 몇 권 가지고 있다.	I have a little money. 나는 돈이 조금 있다.
I have few books. 나는 책이 거의 없다.	I have little money. 나는 돈이 거의 없다.

Taxi 택시

Cab 캡이라고도 불리며, 시내에서 짧은 거리를 이동할 때 이용하기 좋습니다. 일반적으로 택시요금의 10~15% 정도를 팁으로 주기 때문에, 비용이 비싼 편입니다.

Bus 버스

거의 모든 관광명소를 지나며 부담도 적습니다. 시내에서는 거리에 상관없이 요금이 같고, 요금은 승차할 때 앞문으로 타면서 동전이나 토큰을 냅니다. 단, 지폐는 사용하지 않고, 실수로 많은 돈을 내게 되어도 거스름돈이 나오지 않습니다. 장거리 여행을 할 경우 Greyhound 그레이하운드 라는 장거리 버스회사를 이용하는 것도 좋습니다.

Subway 지하철

요금은 균일 요금인 경우와 거리에 따라 요금이 다른 경우가 있습니다. 뉴욕 같은 경우에는 토큰이나 정해진 금액을 지불하면 구간에 상관없이 같은 요금이 적용됩니다.

Train 기차

대부분 시설이 잘 되어 있고, 비행기 일등석 이상의 넓은 좌석으로 돼 있어 편안합니다. 하지만 비행기와 버스에 비해 노선과 운행 편수가 적은 것이 단점입니다. 관광객들은 미국 전역에 걸쳐 약 500개 이상의 도시를 연결하는 광역철도 운송서비스인 Amtrak 암트렉으로 안전하고 저렴하게 미국을 여행해 보는 것도 좋습니다.

다양한 교통 수단으로 미국 전역을 여행할 수 있어요.

14 Could you tell me how to get there?

거기에 가는 길을 알려주시겠어요?

May I help you?

 Yes. I think I'm lost. I'm a stranger here.

 Where are you going?

 I'm trying to get to New York City hospital.

 Gee, you are on the wrong way.

 Really? Could you tell me how to get there?

 Just go down this street and turn right at the third corner.

 What is it nearby?

 There is a bookstore across from the hospital.

 Thank you so much.

해 석

행 인	도와 드릴까요?
지 미	예. 길을 잃은 것 같아요. 저는 여기가 처음이거든요.
행 인	어디가는 중이에요?
지 미	뉴욕시티 병원을 찾고 있어요.
행 인	이런, 길을 잘못 들었네요.
지 미	그래요? 거기에 가는 길을 알려주시겠어요?
행 인	이 길을 따라서 가다가
	세 번째 모퉁이에서 우회전하세요.
지 미	근처에 무엇이 있나요?
행 인	병원 맞은편에 서점이 있어요.
지 미	감사합니다.

원어민의 발음을 그대로 따라 해보자.

① **I think I'm lost.**
길을 잃은 것 같아요.

② **I'm a stranger here.**
저는 여기가 처음이거든요.

③ **Where are you going?**
어디 가는 중이에요?

④ **Could you tell me how to get there?**
거기에 가는 길을 알려주시겠어요?

Word power

- **lost** 잃은
- **stranger** 낯선 사람
- **try to~** ~하려 애쓰다
- **Gee** 저런
- **wrong** 잘못된
- **turn** 돌다
- **nearby** 근처에
- **right** 오른쪽의
- **across** 맞은편에

속이 다 시원한 설명

1 **I think I'm lost.** 길을 잃은 것 같아요.

I think를 직역하면, '나는 ~라고 생각해요' 라는 뜻이지만, 보통 '~인것 같아요' 라는 의미로 쓴다. 자신의 생각이라는 점을 약간 강조할 때나 확실하지 않은 일을 말할 때 주로 사용한다.

2 **Where are you going?** 어디 가는 중이에요?

목적지를 묻는 표현이다. going 대신 heading을 쓰기도 한다. head에는 '~로 향하다' 라는 뜻이 있다.

예 **Where are you going?** ═ **Where are you heading?**
어디 가는 중이에요?   어디 가는 중이에요?

3 **I'm trying to get to New York City hospital.**
뉴욕시티병원을 찾고 있어요.

try to의 진행형인 be trying to는 원래 '~하려고 노력하는 중이다' 라는 뜻이지만, '~하려고 하다, ~하고 있다' 로 이해하면 된다.

4 **Could you tell me how to get there?**
거기에 가는 길을 알려주시겠어요?

길을 물을 때 사용하는 표현이다. Could you show me the way~?도 길을 알려 달라는 표현으로 많이 쓴다.

예 **Could you tell me how to get to the White House?**
═ **Could you show me the way to the White House?**
백악관으로 가는 길을 알려주시겠어요?

말문이 확 터지는 리듬 훈련♪

●과 파란 글씨는 **크고 강하게** 읽으면서 영어의 독특한 리듬을 익히자.

I think I'm lost. ↘

길을 잃은 것 같아요.

▶ 비슷한 표현

I got lost. ↘　　Where am I? ↘

I'm not familiar with this place. ↘

길을 잃었어요. 여기가 어디죠?

저는 이 지역을 잘 몰라요.

▶ get lost 길을 잃다
▶ familiar with ~와 친한
▶ place 장소

I'm trying to get to New York City hospital. ↘

뉴욕시티병원을 찾고 있어요.

▶ 패턴 연습

I'm trying to find the elevator. ↘

I'm trying to lose some weight. ↘

엘리베이터를 찾고 있어요.

나는 살을 빼려고 노력하는 중이에요.

▶ lose some weight 살을 빼다

Could you tell me how to get there? ↗

거기에 가는 길을 알려주시겠어요?

▶ 비슷한 표현

Could you tell me the way to get there? ↗

거기에 가는 길을 알려주시겠어요?

How can I get there? ↘

거기에 가려면 어떻게 가야 합니까?

Could you show me the way to the station? ↘

역으로 가는 길을 알려주시겠어요?

 외국인이 길을 물었을 때, 사용할 수 있는 표현들을 좀 알려주세요.

➡ 외국인이 길을 물어오면, I don't know. 하는 분도 있고, 길을 알려 주는 말을 몰라
목적지까지 정중히(?) 모셔다 드린 분도 있겠죠.
그럼 외국인에게 길을 알려주는 여러 표현들을 알아봅시다.

· **Following this street.**
이 길을 따라가세요.

· **Go straight the street.**
이 길로 곧장 가세요.

· **Turn left at the second corner.**
두 번째 모퉁이에서 왼쪽으로 도세요.

· **It's next to the pharmacy.**
약국 옆에 있어요.

회화에 꼭 필요한 문법

🔵 **"거기에"로 해석하면 안되는 There is / are 구문**

There is a bookstore across from the hospital.

병원 맞은편에 서점이 있어요.

---

1. There is/are

there는 보통 [거기에, 저기에]라는 뜻으로 쓰지만, There과 be동사 is/are가 합쳐져 [~가 있다]라는 뜻으로도 쓴다. There is/are 문장에서 There는 형식적으로 주어자리에 있을 뿐, 실제 주어가 아니다. be동사 다음에 나오는 명사가 실제주어이다. 따라서 There is/are 다음에 오는 명사에 따라 be동사가 결정된다.

There is + (단수 명사) ~   There are + (복수 명사) ~

There is a pen **on the desk.**   책상 위에 펜이 하나 있어.
There are many candies **in the box.**   상자 안에 사탕이 많이 있어.

👉 pen이 하나이기 때문에 단수동사 is를 썼고, 사탕이 여러개이므로 복수동사 are를 썼다.

---

2. 부정문

There is/are 다음에 not만 붙이면 된다.

There is / are + not ~

There is not a pen **on the desk.**   책상 위에 펜이 없어.
There are not any candies **in the box.**   상자 안에 사탕이 없어.

3. 의문문

There과 is/are의 자리만 바꾸면 된다.

Is there a pen on the desk?
Are there any candies in the box?

책상 위에 펜이 있어?
상자 안에 사탕이 있어?

✖ 미국에서 많이 쓰는 There가 들어간 표현

• There is nothing~ ~한 것이 전혀 없다 :

There's nothing wrong.

잘못된 게 전혀 없어.

• There will be~ ~가 있을 것이다

There will be a meeting tomorrow.

내일 회의가 있을 거야.

• There is no way~ ~할 방법이 없다

There's no way to solve this problem.

이 문제를 풀 방법이 없어.

• There is no reason to~ ~할 이유가 없다

There's no reason to buy a car.

차를 살 이유가 없어.

미국문화 엿보기 Thanksgiving Day 추수 감사절

Thanksgiving Day 추수감사절

매년 11월 넷째주 목요일은 Thanksgiving Day 추수감사절 입니다.

미국에 처음 발을 디딘 선조들이 그들의 첫 수확을 신에게 감사한 것이 토대가 된 Thanksgiving Day 는 우리나라의 추석과 비슷한 축제일입니다. 이 날은 법정 공휴일이며, 보통 그 주 일요일 까지 쉬면서 가족들이 모여 즐거운 시간을 보냅니다.

많은 사람들은 이 날 아침에는 교회에 가고, 오후에는 여기 저기 흩어져 사는 가족들이 모여 저녁 식사를 같이 합니다.

추수감사절의 대표적인 음식은 turkey 칠면조구이로, 칠면조 안의 내장을 다 빼고, stuffing이라고 하는 여러 양념이 섞인 빵조각을 채워 넣고 통째로 구운 요리입니다. 후식으로는 pumpkin pie 호박파이를 먹고, 음료수는 주로 apple cider 사과술를 마십니다.

또, Happy Thanksgiving! Have a nice holiday! 하며 인사를 주고받으며, 많은 음식이 준비되기 때문에, Don't eat too much! 너무 많이 먹지 마세요! 라는 말도 합니다.

이 날 많이 들을 수 있는 말은 Gobble! 인데, 이것은 turkey 칠면조가 내는 소리를 뜻하기도 하고, 빠른 시간 내에 아주 많이 먹는 것을 의미하기도 해요.

15 ❀ I have a cold.

감기에 걸렸어.

감기에 걸렸어.
I have a cold.

You look pale. What's the matter?

I have a cold.
I had a runny nose and I ached all over.
Fortunately, my fever is gone, but I still have a cough.

That's too bad. Have you taken any medicine?

Yes. I've just taken medicine.

You'd better get a good rest.

Thank you.

I hope you get better soon.

해 석

지 미	얼굴이 창백해 보여. 무슨 일 있어?
세 라	감기에 걸렸어. 콧물이 나고, 온몸이 아팠어. 다행히 열은 내렸는데, 여전히 기침이 나.
지 미	안됐구나. 약 먹었니?
세 라	응. 방금 전에 먹었어.
지 미	푹 쉬는 게 좋을 것 같아.
세 라	고마워.
지 미	빨리 낫기를 바래.

가장 많이 사용하는 표현
필수 표현

① You look pale.
얼굴이 창백해 보여.

② What's the matter?
무슨 일 있어?

③ That's too bad.
안됐구나.

④ Have you taken any medicine?
약 먹었니?

Word power

- have a cold = catch a cold
  감기에 걸리다
- runny nose 콧물이 흐르는
- ache 아프다
- all over 온 몸이
- fortunately 다행히
- fever 열
- still 여전히, 아직도
- cough 기침하다, 기침
- take medicine 약을 먹다
- get better 병이 낫다

속이 다 시원한 설명

1 You look pale.
얼굴이 창백해 보여.

look은 '보다' 라는 뜻이지만, look 다음에 형용사가 오면 '(얼굴이) ~로 보이다' 라고 의미가 달라진다.

예 You look down.　　　우울해 보여.
　　 You look happy.　　　행복해 보여.
　　 You look tired.　　　피곤해 보여.

2 What's the matter?
무슨 일 있어?

matter는 '일, 사건' 이라는 뜻으로, What's the matter?는 상대가 평소와 다르게 느껴질 때 건넬 수 있는 말이다. 같은 뜻으로 What's wrong? 도 많이 쓴다.

3 I have a cold.
감기에 걸렸어.

have a cold는 '감기에 걸리다' 라는 관용어구로, 통째로 외워 두자. have 대신 catch를 써도 같은 뜻이 된다. 또한, 아픈 상태를 나타낼 때는 I have (a)~라는 표현을 사용한다.

예 I have a cold.　　**=**　　I catch a cold.
　　 감기에 걸렸어.

4 You'd better get a good rest.
푹 쉬는 게 좋을 것 같아.

You'd better는 You had better의 줄임말로, 무언가를 권유하는 표현이다. Why don't you~? ~하는게 어때?도 가볍게 권유할 때 많이 쓴다.

예 You'd better go now.　　지금 가는 게 좋겠어.
　　 Why don't you go now?　　지금 가는 게 어때?

말문이 확 터지는 리듬 훈련 ♪

● 과 파란 글씨는 **크고 강하게** 읽으면서 영어의 독특한 리듬을 익히자.

You look pale. ↘

얼굴이 창백해 보여.

▶ 패턴 연습

You look down. ↘	우울해 보여.
You look happy. ↘	행복해 보여.
You look tired. ↘	피곤해 보여.

▶ tired 피곤한

What's the matter? ↘

무슨 일 있어?

▶ 비슷한 표현

What's wrong with you? ↘	무슨 일 있어?
What's up? ↗	무슨 일이야?
What's going on? ↘	무슨 일 있어?

You'd better get a good rest. ↘

푹 쉬는 게 좋을 것 같아.

▶ 패턴 연습

You'd better watch out. ↘	조심하는 게 좋겠어.
You'd better go on a diet. ↘	살을 빼는 게 좋겠어.
You'd better see a doctor. ↘	진찰을 받아 보는 게 좋겠어.

▶ watch out 조심하다
▶ go on a diet 살을 빼다
▶ see a doctor 진찰을 받다

 Q/A

"머리 아파요, 배 아파요." 같은 "~가 아파요."는 어떻게 말하나요?

⇨ "~가 아프다"를 나타낼 때는 I have ~라는 표현을 사용해요. 그리고 [두통, 치통]처럼 [~통]에 해당하는 말이 ache라는 것도 알아둡시다.

· **I have a headache.**
머리가 아파요.

· **I have a toothache.**
이가 아파요.

· **I have a stomachache.**
배가 아파요.

· **I have a cough.**
기침이 나요.

◑ 두 시점이 만나는 **완료시제** 이해하기

I have just taken medicine.   방금 전에 약 먹었어.

1. 완료 시제란?

완료 시제는 우리말에 없는 시제라 이해하기가 어려울 것이다. 우리는 시간을 크게 과거, 현재, 미래로 나누지만, 영어에서는 이것 말고도 과거 이전부터 과거까지, 과거부터 현재까지, 현재부터 미래까지의 시간도 시제에 포함시킨다. 이런 시간을 과거 완료, 현재완료, 미래완료라고 한다. 그러므로 완료시제는 특정 시점의 상황을 나타내는 것이 아니라, 문장의 시제에 따라 그 전이나 그 후의 연관된 상황을 함께 나타낸다.

2. 현재완료

과거부터 현재까지의 이어지는 상황을 나타낸다. 완료 시제는 have와 과거분사를 이용해 나타낸다. 현재완료는 have나 has 주어가 3인칭단수일 때 다음에 동사의 과거분사를 붙이며, [~ 한 적이 있다, ~ 해왔다]라는 뜻이다.

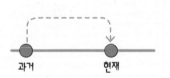

I **have lived** here for ten years.   나는 10년째 여기에 살고 있어.

☞ 10년째 쭉 이곳에 살고 있음을 나타낸다.

I **have** just **had** a sandwich with my friend.

방금 친구와 샌드위치를 먹었어.

☞ 조금 전에 샌드위치를 먹은 행동이 끝났음을 나타낸다.

3. 과거완료

과거 이전부터 과거까지 이어지는 상황을 나타낸다. 즉, 과거의 어느 시점을 기준으로 그보다 먼저 일어난 동작이나 상태를 나타낸다. 과거완료는 have의 과거형인 had에 과거분사를 붙이면 되고, [~했었다, ~해왔었다. ~해버렸다]라는 뜻이다.

When I came back, he already had left for the day.

내가 돌아왔을 때, 그는 이미 퇴근했어.

☞ 그가 퇴근한 것이 내가 돌아온 것 보다 더 이전 일이므로, 그가 퇴근한 것을 과거완료로 나타냈다.

I didn't know that Ann had been married two years ago.

나는 앤이 2년 전에 결혼했다는 것을 몰랐어.

☞ 앤이 결혼한 것이 내가 앤의 결혼을 안 것보다 더 이전 일이므로, 앤이 결혼한 것을 과거완료로 나타냈다.

4. 역할   완료, 경험, 결과, 계속을 나타낸다.

완료   동작이 끝났음을 나타낸다

I have just taken medicine.   방금 전에 약을 먹었어.

경험   현재 또는 과거 시점까지의 경험을 나타낸다

I have been to London.   나는 런던에 가 본 적이 있어.

결과   동작의 결과를 나타낸다

He has gone to London.   그는 런던에 갔어.
(= 그래서 지금 여기에 없다.)

계속   동작, 상태가 계속됨을 나타낸다

I have been here for four days.   나는 4일 동안 여기에 머물고 있어.

American football 미식 축구

American football 아메리칸 풋볼이 정식 명칭이지만, 미국에서는 보통 football 풋볼이라고 해요.

우리가 알고 있는 soccer 축구와 rugby football 럭비축구의 룰이 결합된 형태로, soccer 축구와는 달리 손으로 공을 잡을 수도 있고, 가지고 뛸 수도 있습니다.

10월부터 시작되는 프로 풋볼 시즌은 9주 동안 치러집니다.

그 사이에 각지에서 시합이 진행되어 각 지역의 우승팀은 1월 1일에 거행되는 선수권시합에 출전할 수 있는 자격을 얻어요.

또한, 프로팀은 야구와 마찬가지로 아메리칸리그와 내셔널리그가 있고, 시합 때에는 10만 이상의 팬이 모이기도 해요.

10만 이상의 관중이라니~ 정말 미국에서의 미식 축구 열기는 대단한 것 같아요.

가장 유명한 경기는 그 해 프로 풋볼의 최종 승자를 가리는 내셔널풋볼리그 National Football League/NFL의 챔피언 결정전인 Super Bowl 수퍼볼입니다. 해마다 1월이나 2월에 벌어지며, 14개 팀이 속해 있는 America Football Conference 아메리칸풋볼경기연맹/AFC의 우승팀과 14개 팀이 속해 있는 National FootballConference 내셔널풋볼경기연맹/NFC의 우승팀이 플레이오프를 치루고, 각 컨퍼런스에서 토너먼트를 거쳐 우승이 결정된 2팀이 수퍼볼에서 단 한 경기로 챔피언을 가립니다. 경기가 열리는 매년 1월 마지막 일요일을 Super Sunday 수퍼 선데이라고 부르며, 이 챔피언 결정전을 보는 미국인은 1억 명 이상이고, 시청률은 해마다 70% 이상을 기록한다고 합니다.

우리나라에서는 한국계선수 피츠버그 스틸러스 와이드 리시버 하인스 워드(Hines Ward)가 유명하죠~

16 You were speeding.

속도위반입니다.

16

속도위반입니다.
You were speeding.

🐰 Can I see your driver's license, please?

🐰 Here it is. What's the problem, officer?

🐰 You were speeding.

🐰 Was I? Where?

🐰 It was at that last corner.

🐰 I'm sorry, I didn' t know that. I won't do it again.

🐰 Good. You should slow down.
You could hurt someone that way.

🐰 I'll keep that in mind.

해 석

경 찰　운전면허증 좀 보여주시겠어요?

티파니　여기 있어요. 무슨 문제가 있나요?

경 찰　속도위반입니다.

티파니　제가요? 어디서요?

경 찰　바로 전 모퉁이에서요.

티파니　죄송합니다. 몰랐어요. 다시는 그러지 않겠습니다.

경 찰　좋아요. 속도를 줄여야 해요.
　　　　그렇게 운전하면 다른 사람을 다치게 할 수도 있어요.

티파니　명심할게요.

가장 많이 사용하는 표현
필수 표현

① Can I see your driver's license, please?
운전면허증 좀 보여주시겠어요?

② What's the problem, officer?
무슨 문제가 있나요?

③ You were speeding.
속도위반입니다.

④ I won't do it again.
다시는 그러지 않겠습니다.

Word power

- **driver's license** 운전면허증
- **speeding** 속도위반
- **last** 지난, 바로 전의
- **should** ~해야 한다
- **slow down** 속도를 줄이다
- **hurt** 다치게 하다
- **someone** 누군가
- **keep that in mind** 명심하다

속이 다 시원한 설명

1 ## Here it is.

여기 있습니다.

물건을 내주면서 하는 말로, Here you are.와 Here you go.도 같은 뜻으로 많이 쓴다.

예 **Here it is.** ≣ **Here you are.** ≣ **Here you go.**
여기 있습니다.

2 ## You were speeding.

속도위반입니다.

speed는 명사로 '속도'를 뜻하지만, 동사로는 '속도를 위반하다, 과속하다' 라는 뜻이다.

3 ## You should slow down.

속도를 줄여야 해요.

should는 '~해야 한다' 는 뜻으로, 충고하거나 조언할 때 사용한다. should 다음에는 항상 동사원형을 붙여야 한다.

4 ## You could hurt someone that way.

그렇게 운전하면 다른 사람을 다치게 할 수도 있어요.

could는 can ~할 수 있다의 과거형이다. 주로 가정법에서 '~할 수 있었다' 라는 뜻으로 사용한다. 또, Could you~? ~해주시겠습니까? 하며 정중하게 부탁할 때도 쓴다.

예 **I could run faster then.**   그때는 더 잘 달릴 수 있었다.

Could you do me a favor?   부탁 하나 들어주시겠습니까?

말문이 확 터지는 리듬 훈련♪

●과 파란 글씨는 **크고 강하게** 읽으면서 영어의 독특한 리듬을 익히자.

Here it is. ↘   여기 있습니다.

▶ 비슷한 표현   Here you are. ↘   여기 있습니다.

Here you go. ↘   여기 있어요.

There you are. ↘   여기 있어요.

You should slow down. ↘   속도를 줄여야 해요.

▶ 패턴 연습   You should study harder. ↘   너는 더 열심히 공부해야 해.

Sam should exercise more often. ↘   샘은 운동을 더 자주 해야 해.

You shouldn't drink too much. ↘   너는 과음을 해서는 안돼.

▶ hard 열심히   ▶ exercise 운동하다   ▶ often 자주
▶ should not ~해서는 안된다   ▶ too much 많이

You could hurt someone that way. ↘   그렇게 운전하면 다른 사람을 다치게 할 수도 있어요.

▶ 패턴 연습   There was nothing I could do. ↘   내가 할 수 있는 일이 아무것도 없었어.

I could understand what you said then. ↘

나는 그때 네가 말한 것을 이해할 수 있었어.

I couldn't hear any sound. ↘   나는 아무 소리도 들을 수 없었어.

▶ nothing 아무것도   ▶ understand 이해하다
▶ sound 소리

Q/A

미국에서 자주 볼 수 있는 금지 문구에는 어떤 것들이 있나요?

➡ 공공장소, 공공화장실 등에서 볼 수 있는 문구인 No smoking 이 대표적인 금지 문구라고 할 수 있어요. 보통 [OO금지]라는 말을 표현할 때, 명사나 ~ing 앞에 No를 붙입니다. [No 명사], [No~ing]처럼요. 또, don't를 이용해서 금지를 나타낼 수도 있어요.

· **No parking.** 주차금지   · **No pets allowed.** 애완동물금지   · **No entry.** 출입금지

· **Post no bills.** 벽보금지   · **Don't litter.** 쓰레기는 휴지통에

● 동사의 영원한 조수인 **조동사**

You should slow down. 속도를 줄여야 해요.

1. 조동사란?

동사를 도와주는 동사로, 동사만으로 뜻을 나타내는 데에
한계가 있기 때문에 조동사의 도움으로 동사가 나타
내지 못하는 뜻을 나타낸다. 그러므로 조동사는 혼자
서는 사용할 수 없고, 반드시 동사와 함께 쓰인다.

✖ 대표적인 조동사

❖ · can ~할 수 있다 · will ~일 것이다 · must ~해야 한다 · may ~일지도 모른다

You **should** slow down.	속도를 줄여야 해요.
He **can** drive a car.	그는 운전할 수 있어.
I **will** be a doctor.	나는 의사가 될 거야.

2. 형태

조동사 다음에는 반드시 동사원형을 쓴다. 또, be동사나 일반동사와는 달리 주어의 인칭이나
단·복수에 상관없이 같은 형태이다.

1인칭	I **can** play the piano.	나 피아노 칠 줄 알아.
3인칭	She **can** play the piano.	그녀는 피아노 칠 줄 알아.
복수	We **can** play the piano.	우리는 피아노 칠 줄 알아.

can played
cans play

✖ 조동사는 현재형과 과거형뿐이다

현재	will	may	can	shall
과거	would	might	could	should

3. 부정문

조동사와 동사원형 사이에 not을 넣는다.

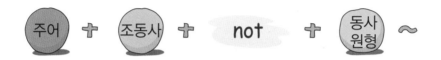

I **can't** play the piano. 나 피아노 못 쳐.

Mr. Simpson **will not** come. 심슨씨는 오지 않을 거야.

조동사 + not은 줄여서 나타낼 수 있다

can not → can't   will not → won't   could not → couldn't

would not → wouldn't   should not → shouldn't

4. 의문문

[주어 + 조동사 + 동사원형]의 문장에서 조동사를 문장의 맨 앞으로 이동한다.

Can you play the piano? 피아노 칠 줄 알아?

Will you open the door? 문 좀 열어 줄래?

운전을 할 때에 제일 먼저 유념하여야 할 것이 양보에요. 한국에서처럼 운전을 하다 보면 주위 운전자들의 눈총을 받기 쉽기 때문에, 되도록이면 양보하는 습관을 가져야 하고 어떠한 길에서도 신호와 교통법규를 지킨다는 생각으로 운전을하여야 합니다.

경찰이 차량정지를 요구하면 그 즉시 차량을 우측 안전지대로 이동하여 시동을 끄고 양손으로 핸들을 잡고 경찰이 올 때까지 기다립니다.

검문시에는 경찰이 시키는 대로만 행동하고 미리 운전면허증을 꺼내 놓는다던지 차량등록증을 꺼내는 행동을 절대로 해서는 안 됩니다. 미국에서는 강력범죄가 많이 일어나므로 검문하는 경찰도 항상 긴장하고 있으므로 검문 중 불필요한 행동을 하거나 차에서 내리는 등의 행동을 하면 절대로 안 됩니다.

경찰은 운전자에게 차량등록증과 보험증명서, 운전면허증을 요구할 수 있는 권리가 있으며, 이에 불응할 경우에는 현장 구속되어 이감되거나 무거운 벌금을 물게 됩니다.

또한, 무보험차량인 경우도 벌금을 물게 되며 심한 경우에는 차량을 압수당하기도 합니다. 범칙금 또한 우리나라에 비해 두 배 이상 높아요.

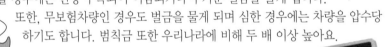

"한번만 봐 달라"고 우리나라 일부 사람들이 하는 면허증 밑에 돈을 깔아주는 행동은 절대금물이에요.

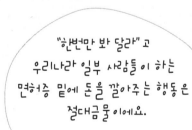

또한, 자신에게 잘못이 없더라도 지나치게 강력히 어필하거나 폭력을 행사해서는 안 되며, 경찰관의 조치가 부당하다고 판단될 경우에는 변호사의 도움을 받아 적법한 절차를 밟도록 해야 합니다.

17 I need a single room for three days.

3일 동안 머물 1인실이 필요합니다.

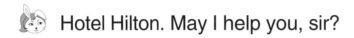
Hotel Hilton. May I help you, sir?

I'd like to make a reservation for a room.

What kind of room would you like?

I need a single room for three days.

I'm sorry, all the single rooms are fully booked.
The only rooms available are the double rooms.

What's the rate for a double room?

The cost will be 100 dollars a night.

All right. I' ll take it.

해 석

프론트	힐튼호텔입니다. 무엇을 도와드릴까요?
손 님	방을 하나 예약하고 싶은데요.
프론트	어떤 방을 원하십니까?
손 님	3일 동안 머물 1인실이 필요합니다.
프론트	죄송합니다만, 1인실은 전부 예약이 되어 있습니다. 하지만, 2인실은 이용 가능합니다.
손 님	2인실은 요금이 얼마입니까?
프론트	하룻밤에 100 달러입니다.
손 님	좋아요. 그 방으로 할게요.

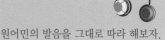

원어민의 발음을 그대로 따라 해보자.

① I'd like to make a reservation for a room.
방을 하나 예약하고 싶은데요.

② All the single rooms are fully booked.
1인실은 전부 예약이 되어 있습니다.

③ What's the rate for a double room?
2인실은 요금이 얼마입니까?

④ The cost will be 100 dollars a night.
하룻밤에 100 달러입니다.

Word power

- **I'd like to** ~하고 싶다
- **make a reservation** 예약하다
- **need** 필요하다
- **single room** 1인용 방
- **fully** 완전히
- **book** 예약하다 동사
- **double room** 2인용 방
- **available** 이용할 수 있는

1 I'd like to make a reservation for a room.

방을 하나 예약하고 싶은데요.

make a reservation은 '예약하다' 라는 뜻으로, 본문에 나온 book과 같은 의미이다. 예약을 안 했을 때는, I don't have a reservation. 예약을 안 했어요이라고 하고, 예약을 했을 때는 I had a reservation. 예약했어요 이라고 한다.

2 I need a single room for three days.

3일 동안 머물 1인실이 필요합니다.

for는 '~동안에' 라는 뜻으로, 구체적인 시간의 길이를 나타낼 때 쓴다. for와 함께 기간을 나타내는 말에 during ~동안에이 있는데, during은 특정기간이 나올 때 쓴다.

예 I'm staying in Italy for a year. 나는 이태리에서 일년간 머무르고 있다.
The snow lasted during the winter. 겨울 내내 눈이 왔다.

3 All the single rooms are fully booked.

1인실은 전부 예약이 되어 있습니다.

book은 명사로 '책' 이라는 뜻이지만, '예약하다' 라는 뜻의 동사로도 많이 사용된다. fully는 '완전히' 라는 뜻이다.

4 What's the rate for a double room? 2인실은 얼마입니까?

rate와 charge는 모두 '비용' 을 나타내는 말이다.

예 What' the rate for a double room? 2인실은 얼마입니까?
= How much is the charge for a double room?

말문이 확 터지는 리듬 훈련♪♪

●과 파란 글씨는 **크고 강하게** 읽으면서 영어의 독특한 리듬을 익히자.

호텔에서 사용할 수 있는 표현

▶ 예약

Do you have a room available? ♪   빈 방 있습니까?

I need a room with a double bed. ↘   더블베드가 있는 방으로 주세요.

How long do you want to stay here? ↘   얼마나 머무르시겠습니까?

▶ 체크인

Check in, please. ↘   체크인 할게요.

Please fill out this form. ↘   이 숙박카드를 작성해 주세요.

Can I deposit my valuables? ♪   귀중품을 맡길 수 있습니까?

This is room 502. ↘   I'd like to order. ↘

여기 502호인데요, 주문 좀 하려구요.

> ▶ fill out (문서 등을) 작성하다
> ▶ deposit 맡기다
> ▶ valuables 귀중품

▶ 체크아웃

I need to check out, please. ↘   체크아웃하고 싶습니다.

I'd like to stay a day longer. ↘   하루 더 연장하고 싶어요.

How much is the charge including tax? ↘   세금을 포함해서 얼마입니까?

Q/A sorry가 "미안하다"라는 뜻 말고 다른 뜻으로 쓰이기도 하나요?

➡ sorry에는 [유감이다, 안됐다]라는 뜻도 있어요. 누군가가 다쳤거나, 집에 안 좋은 일이 있다거나 하는 소식을 들었을 때는, I'm sorry to hear that."그거 참 안 됐네. 정말 유감이야."이라고 말해요. 또, I feel sorry for her. "그 여자 불쌍해서 어쩌나." 처럼 "불쌍하다" 는 뜻도 있어요.

의문사로 궁금한 것 꼬치꼬치 물어보기

What kind of room would you like?
어떤 방을 원하십니까?

1. 의문사란?

의문사는 누구, 무엇, 언제, 왜, 어떻게, 어디에 같이 시간, 장소, 이유, 방법 등을 질문하는 데 쓴다. 문장에서 주어와 목적어 역할을 하기도 하고, 동사나, 형용사, 명사를 꾸며 주기도 한다.

| Who 누가 | When 언제 | Where 어디에 | What 무엇 | Why 왜 | How 어떻게 |

2. 특징

✖ 의문사는 항상 문장의 맨 앞에 위치한다

How are you?　　　　　　　　　　어떻게 지내?

✖ yes나 no로 대답할 수 없다

What did you buy yesterday?　　어제 뭐 샀어?
⇨ I bought some books.　　　　책 몇 권 샀어.
⇨ ~~Yes, I did.~~

> 비교 　**A :** Are you Tom?　　⇨　**B :** No, I'm not. I'm Steve.
> 　　　　당신은 탐인가요?　　　　　　아니요, 저는 스티브에요.

✖ 의문사가 들어간 문장은 끝을 내려 읽는다

What kind of room would you like?↘ 어떤 방을 원하십니까?

> 비교 　**A :** Do you like winter? ♩　⇨　**B :** Are you tired? ♩
> 　　　　겨울 좋아해요?　　　　　　　피곤해?

3. 의문사를 넣어 의문문 만들기

- 의문사와 be동사가 있는 경우 : 의문사 다음에 바로 be동사를 쓴다.

When   is   Jane   leaving?   제인은 언제 떠나?
의문사   be동사   주어

- 의문사와 일반동사가 있는 경우 : 의문사 다음에 do/does(주어가 3인칭단수)/did(동사가 과거일때)를
  쓰고, 주어 다음에는 동사원형을 쓴다.

Where   do   you   live?   어디에 살아?
의문사   주어   동사

- 의문사와 조동사가 있는 경우 : 의문사 다음에 바로 조동사를 쓰고, 주어 다음에는 동사원형을 쓴다.

When   will   you   be   free?   언제 한가해?
의문사   조동사   주어   동사원형

- 의문사가 주어로 있는 경우 : 의문사를 주어로 생각하고, 영어의 어순인 [주어 + 동사]순으로 쓴다.

Who   made   this?   누가 이것을 만들었어?
주어   동사

미국문화 엿보기 집의 종류

House 일반주택

일반 주택을 말합니다. 미국에서 흔히 볼 수 있는 형태로, 차고가 딸린 주택이 하나 있고, 집 앞에는 정원이 있습니다.

Apartment 아파트

미국에는 전세라는 것이 없고 월세만 있습니다. 그래서 집을 임대하는 것은 무조건 월세를 뜻합니다. Apartment란 국가 또는 기업, 개인이 공동 주택을 지어 놓고 임대하는 것으로, 월세로 사는 공동 주택을 말합니다.

Condominium 콘도

우리나라에 있는 대부분의 아파트가 모두 Condominium입니다. Condominium은 분양되어 개인 소유로 된 공동 주택이란 뜻으로, 줄여서 condo라고도 합니다.

Town Homes 타운 홈즈

우리나라의 연립 주택과 비슷하다. 일반 주택과 마찬가지로, 마당, 차고, 지하실이 있지만, 집이 줄줄이 붙어 있다는 점이 다릅니다.

Villa 빌라 & Mansion 맨션

Villa는 보통 유럽풍 분위기가 느껴지는 정원이 딸려 있는 집을 말하고, Mansion 역시 방이 몇 십 개씩 있는 대저택을 말합니다.

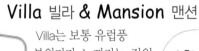

우리나라에서 3-4층 정도 되는 주택을 가리키는 빌라, 맨션과는 전혀 다르다는 점을 알아두어야 해요.

18 ✿ I'd like to buy a jacket.

재킷을 하나 사고 싶어요.

18

재킷을 하나 사고 싶어요.

I'd like to buy a jacket.

 May I help you?

 I'd like to buy a jacket. **Oh, this one is pretty.**

 It's on sale. **It's a good chance to buy.**

 How much is it?

 It's 20 dollars.

 Really? It's almost free. Can I try this on?

 Sure. What size do you wear?

 Medium. Where is the fitting room?

 There is a fitting room over there.

해 석

점 원	무엇을 도와드릴까요?
티파니	재킷을 하나 사고 싶어요. 오, 이게 예쁘군요.
점 원	지금 세일중입니다. 구입하실 수 있는 좋은 기회입니다.
티파니	얼마에요?
점 원	20달러입니다.
티파니	정말이요? 거의 공짜나 다름없군요. 이것을 한번 입어 봐도 될까요?
점 원	물론이죠. 치수가 어떻게 됩니까?
티파니	중간 사이즈요. 그런데 탈의실은 어디에 있죠?
점 원	저쪽에 있습니다.

① It's on sale.
세일중입니다.

② How much is it?
얼마에요?

③ It's almost free.
거의 공짜나 다름없군요.

④ Can I try this on?
이것을 한번 입어 봐도 될까요?

Word power

- **pretty** 귀여운, 예쁜
- **on sale** 세일 중인
- **almost** 거의
- **free** 무료의
- **try on** 입어보다
- **medium** 중간의
- **fitting room** 탈의실
- **over there** 저쪽에

1 I'd like to buy a jacket. 재킷을 하나 사고 싶어요.

I'd like to는 I would like to의 줄임말로, '~을 하고 싶다' 라는 뜻 이다. 미국
인들이 매우 많이 쓰는 표현이므로, 꼭 알아두자. I'd like to와 같은 뜻으로, I
want to와 I need to가 있다

> 예 I'd like to buy a jacket. = I want to buy a jacket.
> 재킷을 하나 사고 싶어요. I need to buy a jacket.

2 It's on sale. 세일 중입니다.

on sale과 for sale을 구별해야 한다. on sale은 '세일 중인, 할인판매 중인' 이
라는 뜻이고, for sale은 물건을 '판매 중인' 이라는 뜻이다.

> 예 It's on sale. It's for sale.
> 세일 중입니다. 판매 중입니다.

3 It's almost free. 거의 공짜나 다름없군요.

'싸게 샀다' 는 표현과 '바가지를 썼다' 는 표현을 알아보자.

> * 싸게 샀군요 * 바가지를 썼군요.
>
> That's a steal. That's a rip-off.
> That's a good deal. This is highway robbery.
> It's a real bargain.

4 Can I try this on? 이것을 한번 입어 봐도 될까요?

try on은 옷이나 신발, 모자 등을 입어보고, 신어보고, 써보는 것을 뜻한다.
'~해도 될까요?' 라고 상대방에게 허락을 구할 때는 Can I~?나 May I~?를 사용
한다.

말문이 확 터지는 리듬 훈련♪

파란 글씨는 **크고 강하게**
읽으면서 영어의 독특한 리듬을 익히자.

쇼핑할 때 사용할 수 있는 표현

▶ 구경

I'm just looking around. ↘   그냥 구경하는 거예요.

I'm just browsing. ↘

I'm just window shopping. ↘   아이쇼핑하는 거예요.

▶ browse 가게에서 상품을 훑어보다

▶ 가격

It's too expensive. ↘   너무 비싸요.

It's so cheap. ↘   굉장히 싸네요.

▶ expensive 비싼 ⇔ cheap 싼

▶ 흥정

Can you come down a little? ↗   좀 깎아 주시겠어요?

Give me a discount, please. ↘   깎아 주세요.

▶ come down 내리다
▶ give a discount 할인을 하다

▶ 환불

Can I exchange this one? ↗   교환할 수 있을까요?

I'd like to return this. ↘   이것을 반납하고 싶어요.

Can I get a refund on this? ↗   이것을 환불받고 싶어요.

▶ exchange 교환하다, 바꾸다
▶ refund 환불

 "말하다"라는 표현이 영어로 여러 가지던데, 차이가 뭐죠?

➡ "말하다"를 나타내는 단어는 speak, say, talk, tell 등이 있어요. speak는 "강연하다, 연설하다"라는 뜻으로, Do you speak English? [영어를 줄 아세요?]처럼 어떤 언어를 사용한다고 말할 때 씁니다. say는 I love you, he said. "사랑해, 라고 그가 말했어요."처럼 다른 사람의 말을 전할 때나 그 사람이 말한 내용이 직접 나올 때 씁니다. talk는 TV 프로그램의 talk show [토크쇼]처럼 여러 사람이 함께 대화를 하는 것을 말합니다. tell은 Tell me the truth. "나한테 진실을 말해봐."처럼 어떤 사실이나 정보 등을 말할 때 씁니다.

● 툭하면 나오는 to부정사 알아보기

It's a good chance to buy.

구입하실 수 있는 좋은 기회입니다.

1. to부정사란?

동사원형에 to를 붙인 형태로, 문장에서 명사, 형용사, 부사 역할을 한다. to부정사는 정해진 용법 없이 다양하게 쓰기 때문에, [역할이 정해져 있지 않다]는 뜻의 부정사로 불린다.

to + 동사원형 ⇨ to부정사

Nice **to meet** you.
It's a good chance **to buy**.

만나서 반갑습니다.
구입하실 수 있는 좋은 기회입니다.

2. 역할

✖ 명사 역할

• 문장에서 주어, 목적어, 보어로 쓰이는 것을 말하며, 주로 [~하는 것, ~하기]로 해석한다.

주어 **To bake** a bread is fun.
빵 만드는 것은 재미있어.

목적어 I want **to visit** Hong Kong.
나는 홍콩에 가고 싶어.
(= 나는 홍콩에 가는 것을 원해.)

보어 I expected Edward **to meet** me at the airport.
에드워드가 공항으로 나를 마중 나올 것을 기대했어.

✸ 형용사 역할

- 형용사처럼 명사를 꾸며주는 것을 말하며, [∼할]이라고 해석한다. 형용사는 명사 앞에서 명사를 꾸며주고, to부정사는 명사 뒤에서 꾸며준다는 것을 알아두자.

I've got some <u>books</u> **to read.**   읽어야 할 책이 몇 권 있어.

I have no <u>time</u> **to write** the report.   리포트를 쓸 시간이 없어.

✸ 부사 역할

- 부사처럼 형용사나 부사, 동사를 꾸며 주는 것을 말하며, 주로 [∼하기 위해, ∼하려고, ∼해서] 등으로 해석한다.

I'm glad **to meet** you.   만나서 반가워.

He went to Boston **to see** his sister.   그는 여동생을 만나러 보스톤에 갔어.

✸ 의문사 + to부정사

- to부정사가 how, what 같은 의문사와 함께 쓰여, [∼해야 할지]라는 뜻으로 쓰인다. 이때 의문사 + to부정사는 통째로 명사처럼 쓴다.

Can you tell me **how to drive?**   운전하는 방법 좀 알려줄래?

Money back guarantee 환불보장제도

물건을 산 후 소비자가 일정 기간 내에 환불받을 수 있는 제도입니다. 보통 30일정 도가 환불보장기간이지만, 물건에 따라서 일주일이나 보름 등으로 제한을 두기도 합니다. 물건에 하자가 있을 경우는 물론이고, 물건이 마음에 들지 않는다는 이유 만으로도 환불을 받을 수 있습니다.

우리나라는 고객의 변심에 의한 환불은 잘 할 수 없지만 미국에 서는 **Money back guarantee** 환불보장제도가 있어서 물건을 산 후 마음에 안들면 친절하게 바꾸어 준답니다. 참 좋은 제도 인것 같아요. 아~ 어떤 곳은 기간을 정해 놓고 이 제도를 운영하는 데 도 있다니까요. 꼭 구입 하기 전 확인하고 구입하세요.

Coupon 할인쿠폰 이용하기

미국은 Coupon 쿠폰이 생활화된 나라입니다. 그래서 슈퍼마켓이나 대형마 트에서 쇼핑을 하다 보면 주부들이 계산대에서 쿠폰을 제시하는 것을 쉽게 볼 수 있습니다. 식료품 가게나 식당, 미용실 등 생활전반에 관련된 거의 모든 부분에서 쿠폰이 널리 사용되고 있으며, 쿠폰은 광고전단이나 신문, 전화번호부, 잡지 등에 붙어 있는 것을 오려서 사용하면 됩니다. 또한, **Buy one, get one free.**라고 해서 '하나를 사면 하나는 공짜로 준다' 는 말도 많이 볼 수 있습니다.

Plus tax 세금 잘 확인하기

우리나라도 가격표나 영수증을 보면 물건 가격과 세금이 따로 적혀 있는 것을 볼 수 있습니다. 미국역시 물건값과 세금이 따로 표기돼 있는데, 보통 물건값의 5~7% 정도를 세금으로 냅니다. 주마다 세율은 조금씩 달라서, 세금을 물리지 않는 주가 있는가 하면 10%가 넘는 세율을 물리는 곳도 있습니다. 그러므로, 물건을 살 때 세금이 포함되어 있는지 아닌지를 확인하는 것이 좋습니다.

19 ❀ Hello.
May I speak to Helena?

여보세요, 헬레나 좀 바꿔 주세요.

Hello. May I speak to Helena?

 Speaking. Who's calling?

 This is Michael.

 Hi. It's been a long time. Why are you calling?

 I'm having a potluck party this Friday.
Do you want to come?

 No problem. What time should I be there?

 Come over to my house by 7 o'clock.

 Okay. Thank you for inviting me.
I'll take heavenly cheese cake.

 I'm looking forward to it. See you then.

해 석

마이클   여보세요. 헬레나 좀 바꿔주세요.

헬레나   전데요. 누구세요?

마이클   나 마이클이야.

헬레나   안녕. 오랜만이다. 무슨 일로 전화했어?

마이클   이번주 금요일에 포틀럭 파티를 하려고 하는데, 올래?

헬레나   당연하지. 몇 시에 가면 돼?

마이클   7시까지 우리 집으로 와.

헬레나   알았어. 초대해줘서 고마워.
                 내가 끝내주는 치즈케익을 가져갈게.

마이클   기대할게. 그럼 그때 보자.

가장 많이 사용하는 표현
필수 표현

① May I speak to Helena?
헬레나 좀 바꿔주세요.

② Who's calling?
누구세요?

③ This is Michael.
나 마이클이야.

④ Do you want to come?
올래?

Word power

- **call** 전화하다
- **No problem** 문제없다, 알았다
- **what time** 언제 (=when)
- **come over** 오다
- **o'clock** 정각
- **invite** 초대하다
- **heavenly** 끝내주는, 훌륭한
- **look forward to** ~을 기대하다

1 **Hello. May I speak to Helena?** 여보세요, 헬레나 좀 바꿔주세요.

Hello는 인사할 때는 '안녕'이라는 뜻이지만, 전화상에서는 '여보세요'라는 뜻이다. 전화를 걸어서 '~와 통화하고 싶어요?'라고 말할 때는, 'May I speak / talk to + 상대방의 이름?'이라고 하면 된다.

> 예 May I speak to Helena?   **=**   **Is Helena there?** 헬레나 있어요?
> 헬레나 좀 바꿔주세요?   **Helena, please.** 헬레나 부탁합니다.

2 **This is Michael.**   나 마이클이야.

전화를 건 사람이 '저는 ~입니다'라고 말할 때는 I am~이 아니라 This is ~ speaking.이라고 한다. 이때, speaking은 생략해도 된다.

3 **I'm having a potluck party this Friday.**
                       이번주 금요일에 포틀럭 파티를 하려고 해.

potluck party는 파티를 즐기는 미국인들에게 가장 일반적인 파티로, 자신이 제일 잘 하는 음식을 하나씩 만들어 가지고 가는 파티이다.

4 **I'm looking forward to it.**   기대할게.

looking forward to는 '~를 기대하다'라는 뜻이다. 이때 to는 전치사이므로, to 다음에는 명사나 ~ing를 붙여야 한다. to부정사를 만드는 to로 생각해서 동사원형을 쓰면 안된다.

> **I'm looking forward to meeting you.**   O   당신을 만나고 싶어요.
> **I'm looking forward to ~~meet~~ you.**   X

말문이 확 터지는 리듬 훈련 ♪

파란 글씨는 크고 강하게 읽으면서 영어의 독특한 리듬을 익히자.

전화할 때 사용할 수 있는 표현

▶ 받기	I'll get the phone. ↘	내가 받을게요.
	Who is this? ↘	누구시죠?
	Hold on, please. ↘	잠깐만 기다리세요.
	Don't hang up. ↘	끊지 마세요.

▶ hold on 전화를 끊지 않고 기다리다

▶ 통화중	He is not here now. ↘	그 사람은 지금 없어요.
	His line is busy. ↘	그 사람은 통화중입니다.
	He's on the phone. ↘	그 사람은 통화중입니다.
	You have the wrong number. ↘	전화 잘못 거셨습니다.

▶ be not here 여기에 없다
▶ on the phone 통화중

▶ 부재중	I'll call you later. ↘	나중에 다시 걸겠습니다.
	Can I take a message? ↗	메모 남기시겠어요?
	Tell him Ann called. ↘	앤이 전화했다고 전해주세요.

▶ later 뒤에, 나중에
▶ leave a message 메모를 남기다

Q/A believe와 trust는 무슨 차이가 있나요?

➡ believe와 trust는 둘 다 [믿다] 라는 뜻입니다. 하지만, trust에는 [확신하다]라는 의미가 담겨 있어요. 그래서 [날 믿어 봐!]라는 말을 영어로 하면, Believe me! 가 아니라, Trust me! 입니다. believe가 들어간 표현인, I believe in you.는 [난 너를 믿어.]라는 뜻으로, [너를 믿고 있을게. 그러고 싶어.] 라는 의미로 보면 됩니다.

동사이면서 명사인 **동명사**

Thank you for inviting me. 초대해줘서 고마워.

1. 동명사란?

우리말 [가다]와 같은 동사를 [가는 것, 가기]의 형태로 만들면 동사가 명사로 바뀌게 된다.
영어에서도 동사에 ing를 붙이면 동사가 명사 역할을 할 수 있게 되는데, 이를 동명사라 한다.
동명사는 주로 [~하는 것, ~하기]로 해석한다.

2. 역할

동명사는 명사 역할을 하기 때문에, 문장에서 주어, 목적어, 보어로 쓰인다. 또한, 전치사 뒤에
쓰이기도 한다.

주어	**Learning** badminton is not difficult.

배드민턴을 배우는 것은 어렵지 않아요.

목적어	I like **swimming**.

저는 수영을 좋아해요.

목적어	His hobby is **gardening**.

그의 취미는 정원 가꾸기에요.

전치사 + 동명사	Thank you for **inviting** me.

초대해줘서 고마워요.

172

3. 동명사와 to부정사의 비교

둘 다 동사에서 나와 동사가 하지 못하는 역할을 하는 면에서 비슷하지만, to부정사는 명사, 형용사, 부사로 쓰이고, 동명사는 명사로만 쓰이는 차이점이 있다.

둘 다 동사의 목적어 역할을 하지만, 어떤 동사는 to부정사만을, 어떤 동사는 동명사만을 목적어로 갖는다. 이것은 정해진 원칙이 있는 게 아니므로, 많은 예문을 보고 익혀야 한다.

✖ 동명사만 목적어로 갖는 동사

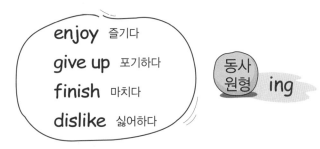

enjoy 즐기다
give up 포기하다
finish 마치다
dislike 싫어하다

동사원형 + ing

✖ to부정사만 목적어로 갖는 동사

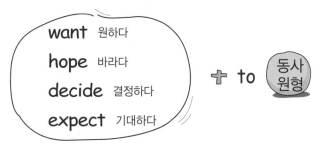

want 원하다
hope 바라다
decide 결정하다
expect 기대하다

+ to 동사원형

✖ 동명사와 to부정사를 모두 목적어로 갖는 동사

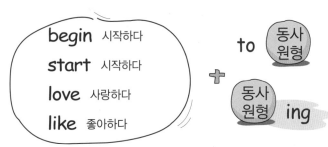

begin 시작하다
start 시작하다
love 사랑하다
like 좋아하다

to 동사원형
+
동사원형 ing

173

미국문화 엿보기 전화 걸기

지역 전화회사와 장거리 전화회사

지역 전화는 같은 지역 내에서 전화를 사용하는 것이고, 장거리 전화는 지역 번호가 다른 경우, 다른 주, 국제 전화를 거는 것을 말합니다.
참고로, 미국은 같은 도시내에서도 지역번호가 다른 경우가 많아서, 같은 도시라도 장거리 전화로 들어가는 경우가 다반사입니다.

미국은 같은 도시 내에서도 지역번호가 다른 경우가 많아요.

시내전화 Local Call를 거는 방법

우리나라와 같이 전화번호 7자리만 누르면 됩니다. 장거리 전화는 우선 1을 누른 후 지역번호와 전화번호를 누릅니다. (123)456-7890으로 전화를 걸 경우 1-(123)456-7890을 누르면 됩니다. 거는 방법을 잘 모를 때는 0번을 눌러 교환원 Operator에게 물어 봅니다.

국제전화를 걸 경우

국제전화 사업자번호, 국가번호, 지역번호, 전화번호 순으로 누르면 됩니다. 한국의 02)123-4567로 걸 경우, 001 같은 국제전화 사업자 번호를 누르고, 한국의 국가번호인 82를 누른 후, 전화번호를 누르면 됩니다. 이때, 우리나라의 지역번호의 첫 자리에 오는 숫자 0은 안 눌러도 되므로, 버튼을 누르는 전화번호는 011-82-2-123-4567입니다.
또한, 급하게 전화를 해야 할 경우 또는 동전이 없을 경우 Collect Call 수신자 요금부담 전화를 하면 됩니다. 0번을 눌러 교환원을 불러서 Collect Call to + 지역, Please.라고 말한 후 상대방의 번호를 알려주면 됩니다.

공중전화를 이용해 전화를 걸 경우에는 보통 25센트~35센트를 넣지만, 25센트로 통화할 수 있는 거리는 아주 적어요.

공중전화를 이용해 전화를 걸 경우

공중전화를 걸 경우에는 동전을 많이 준비하는 것이 좋습니다. 또한, 요금도 전화기마다 차이가 있어서, 35센트를 넣으라는 전화기도 있고, 어떤 전화기는 코인을 넣고 전화번호를 눌러야 하고, 어떤 전화기는 전화번호를 누른 후에 해당요금에 대한 메시지가 나오는 것도 있습니다. 전화를 거는 방법은 유선전화로 거는 방법과 같습니다.

20 ✿ May I take your order?

주문하시겠습니까?

Welcome to McDonald's. May I take your order?

 I'd like a deluxe burger.

 Yes. Would you like something to drink?

 One large coke, please.

 Anything else?

 Uh, no.

 Here or to go?

 Here, please. How much is it?

 That comes to 5 dollars altogether.

해 석

종업원	어서 오세요. 맥도날드입니다. 주문하시겠습니까?
티파니	디럭스버거 하나 주세요.
종업원	예. 음료수는요?
티파니	콜라 큰 것 하나 주세요.
종업원	더 필요한 것 있으세요?
티파니	없어요.
종업원	여기서 드실 건가요, 가지고 가실 건가요?
티파니	여기서 먹고 갈 거예요. 얼마죠?
종업원	모두 합쳐서 5달러입니다.

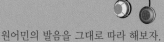

원어민의 발음을 그대로 따라 해보자.

① **May I take your order?**
주문하시겠습니까?

② **Anything else?**
더 필요한 것 있으세요?

③ **Here or to go?**
여기서 드실 건가요, 가지고 가실 건가요?

④ **That comes to 5 dollars altogether.**
모두 합쳐서 5달러입니다.

Word power

- **welcome** 환영하다
- **take an order** 주문을 받다
- **drink** 마시다
- **large** 큰
- **coke** 콜라
- **anything** 무언가
- **else** 그 밖에
- **come to** ~에 이르다
- **altogether** 다 합쳐서

속이 다 시원한 설명

1 **May I take your order?**　　　　　　주문하시겠습니까?

음식을 주문할 때, '~로 주세요' 라는 말에 해당하는 표현이 'I'd like~' 이다.
반대로, 손님이 주문하고 싶을 때에는 'Can I give you an order?' 주문해도 될요?
라고 말하면 된다.

2 **I'd like a deluxe burger.**　　　　　디럭스 버거 하나 주세요.

'~을 주문하겠다' 라는 표현으로, 'I'll have + 음식이름' 도 많이 쓴다. 간단히,
'음식이름, please' 라 해도 된다.

> 예 **I'd like a deluxe burger.**　＝　**I'll have a deluxe burger.**
> 　디럭스버거 하나 주세요.　　　　　　　**A deluxe burger, please.**

3 **Here or to go?**　　　여기서 드실 건가요, 가지고 가실 건가요?

패스트푸드점 fastfood restaurant 에서 사용하는 표현으로, 가게에서 먹고 갈 것인지,
포장해서 가지고 갈 것인지를 묻는 표현이다. 대답은 가게에서 먹을 것이면
Here를, 포장할 것이면 To go라고 한다.

4 **That comes to 5 dollars altogether.** 모두 합쳐서 5달러입니다.

이 문장을 직역하면, '그것은 다 합쳐서 5달러에 달합니다' 라는 뜻이지만, 간단히
'5달러입니다' 라는 뜻으로 이해하면 된다.

> 예 **That comes to 5 dollars altogether.** ＝ **That will be 5 dollars.**
> 　모두 합쳐서 5달러입니다.　　　　　　　　　**It's 5 dollars.**

말문이 확 터지는 리듬 훈련 ♪

식당에서 사용할 수 있는 표현

▶ 예약

I'd like to make a reservation for dinner at 7. ↘
　　　　　　　　　　　　　　　7시에 저녁 식사를 예약하고 싶습니다.

How large is your party? ↘　　일행이 몇 분이십니까?

We're a party of four. ↘　　　일행이 4명입니다.

I'd like to sit by the window. ↘　창가쪽 자리로 주세요.

　　　　　　　　　　　▶ dinner 저녁식사 (정찬)
　　　　　　　　　　　　　▶ party 일행

▶ 주문

Menu, please. ↘　　　　　　　메뉴판 좀 주세요.

I haven't decided yet. ↘　　　　아직 결정하지 못 했어요.

How would you like your steak? ↘　스테이크는 어떻게 해 드릴까요?

Medium-well, please. ↘　　　　중간에서 약간 더 익힌 것으로 해주세요.

　　　　　　　　　　　▶ menu 식단표, 메뉴판
　　　　　　　　　　　　　▶ decide 결정하다
　　　　　▶ How would you like~? ~은 어떻게 해 드릴까요?

▶ 기타요구

Can I have this dressing? ↗　　이 드레싱을 좀 더 주시겠어요?

This isn't what I ordered. ↘　　제가 주문한 게 아닌데요.

Can you wrap this up, please? ↗　이것 좀 싸 주세요.

　　　　　　　　　　　▶ dressing 드레싱, 소스
　　　　　　　　　　　　　▶ wrap up 포장하다

 e-mail 주소에 나오는 @표시는 어떻게 읽나요?

➡ 우리가 흔히 골뱅이라고 읽는 @표시는 장소를 나타내는 전치사 at을 표현한 것이므로, at이라고 읽어요. 여기서,
물음표와 같이 자주 쓰는 특수문자의 영어이름도 알아봅시다.

　(!) Exclamation Point 느낌표　　(?) Question Mark 물음표　　(" ") Quotation Mark 큰따옴표
　(' ') Single Quotation Mark 작은따옴표　　(.) Period 마침표

회화에 꼭 필요한 문법

말과 말을 연결해 주는 **접속사**

Here or to go? 여기서 드실 건가요, 가지고 가실 건가요?

1. 접속사란?

전화, 다리, 인터넷은 사람과 사람, 장소와 장소를 서로
연결해 준다는 공통점이 있다. 이처럼, 말과 말을 이어
주는 다리 역할을 하는 것이 접속사로, 단어와 단어, 구
와 구, 절과 절을 연결한다.

2. 위치

두 단어나 두 문장을 연결할 때는 단어와 단어 사이, 문장과 문장 사이에 놓는다.
그러나 셋 이상을 연결할 때는 마지막 말 앞에 접속사를 놓는다.

단어사이 I need a pencil **and** an eraser.   연필과 지우개가 필요해.

문장사이 The jacket was nice, **but** it was too small.

그 재킷은 멋있었는데, 너무 작았어.

마지막말 앞 Which will you have, coffee, juice **or** green tea?

커피, 쥬스, 녹차 중에서 뭐 마실래?

3. 대표적인 접속사

- and

 and
~와, 그리고

She is pretty and rich.
그녀는 예쁘고, 부자야.

- or

 or
또는, 아니면

Please answer yes or no.
예스나 노로 대답해 줘.

- but

 but
그러나

My wife can come to the party,
but I can't.
내 아내는 파티에 갈 수 있지만, 나는 못 가.

- so

 so
그래서, 그러므로

I felt sick,
so I was absent from school.
아파서 학교에 결석했어.

☞ so는 앞의 내용에 대한 결과를 나타내므로, 문장 뒤에 위치한다.

- for

 for
왜냐하면

I won't go out, for it's raining.
비와서 밖에 안 나갈 거야.

☞ for도 앞의 내용에 대한 이유를 나타내므로, 문장 뒤에 위치한다.

미국문화 엿보기 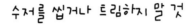 식사중, 이런 행동은 NO!

수저를 씹거나 트림하지 말 것

스프는 소리내서 먹지 말 것

후식이 끝날때까지는 금연할 것

식탁에서 이쑤시개를 사용하지 말 것

식사중에 다리를 꼬지 말 것

식탁에서 화장을 고치지 말 것

21 My wallet was stolen.
지갑을 도둑맞았어.

Julia, why the long face? What's wrong with you?

My wallet was stolen.

Really? Where did it happen?

I think it was picked in the subway.

That's terrible.

There was everything in it.
My license, credit cards, and 27 dollars...

Have you reported it to the police?

Not yet. I've just realized that it was stolen.

해 석

스티븐	줄리아, 왜 그렇게 우울해 해? 무슨 일 있어?
줄리아	지갑을 도둑맞았어.
스티븐	정말? 어디서 그랬는데?
줄리아	지하철에서 소매치기 당한 것 같아.
스티븐	저런, 안됐구나.
줄리아	그 안에 모든 게 들어 있는데. 운전면허증, 신용카드, 그리고 27달러까지...
스티븐	경찰에 신고했어?
줄리아	아직 안 했어. 조금 전에 도둑맞았다는 것을 알았거든.

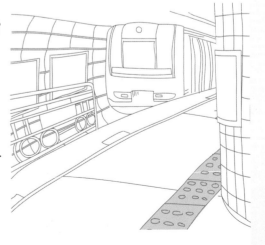

가장 많이 사용하는 표현
필수 표현

① **Why the long face?**
왜 그렇게 우울해 해?

② **My wallet was stolen.**
지갑을 도둑맞았어.

③ **That's terrible.**
저런, 안됐구나.

④ **Not yet.**
아직 안 했어.

Word power

- **wallet** 지갑
- **stolen** steal훔치다의 과거분사형
- **happen** (일, 사건 등이)일어나다
- **terrible** 무서운, 끔찍한
- **report** 신고하다
- **yet** 아직 ~않다
- **realize** 깨닫다, 이해하다

1 Why the long face?
왜 그렇게 우울해 해?

외국인들은 우울하면 얼굴이 길어진다고 생각을 한다. 그래서 long face를 써서 우울한 지를 묻는 것이다. blue도 우울한 이미지를 나타낸다.

2 My wallet was stolen.
지갑을 도둑맞았어.

stolen은 steal의 과거분사형으로, be stolen은 '도난 당하다' 라는 뜻이다. 도난이 아닌 자신의 실수로 물건을 잃어버렸을때는 lost를 사용한다.

예 **My wallet was stolen**　　　　　　지갑을 도둑맞았어.
　I lost my wallet.　　　　　　　　 지갑을 잃어 버렸어.

3 I think it was picked in the subway.
지하철에서 소매치기 당한 것 같아.

" I think는 '~인 것 같아, ~라고 생각해' 라는 뜻으로, 자신의 생각을 나타내는 말이다. 미국인들이 은근히 즐겨 쓰는 표현 중의 하나이다. think 대신에 guess를 이용해서 말하기도 한다.

예 **I think it was picked in the subway.**　　지하철에서 소매치기 당한 것 같아.
　＝ **I guess it was picked in the subway.**

4 Have you reported it to the police?
경찰에 신고했어?

report에는 여러 가지 뜻이 있다.
첫째, '(연구나 조사의) 보고나 보고서'를 뜻한다. 참고로, 우리나라 대학생들은 과제를 리포트라고 하는데, 이는 잘못된 표현으로 paper라고 해야 한다.
둘째, '(신문, 언론 등의) 보도, 보도하다'를 뜻한다. 그래서 기자를 reporter라고 한다.
셋째, '(소재나 상황을) 신고하다' 라는 뜻이있다. 그래서 '경찰에 신고하다' 라는 말을 report to the police라고 하는 것이다.

말 문이 확 터지는 리듬 훈련 ♬

●과 파란 글씨는 **크고 강하게**
읽으면서 영어의 독특한 리듬을 익히자.

Why the long face? ↘

왜 그렇게 우울해 해?

▶▶ 비슷한 표현

Why are you so sad? ↘   왜 그렇게 슬퍼해?

Why are you so blue? ↘   왜 그렇게 우울해 해?

I think it was picked in the subway. ↘
지하철에서 소매치기 당한 것 같아.

▶▶ 패턴 연습

I think Mary is pregnant. ↘   메리가 임신한 것 같아.

I think it's going to rain soon. ↘   곧 비가 올 것 같아.

I think he is right. ↘   그가 옳다고 생각해.

> ▶ pregnant 임신한
> ▶ right 옳은, 바른

Have you reported it to the police? ↗
경찰에 신고했어?

▶▶ 패턴 연습

I'd like to report a theft. ↘   도난신고를 하려고 합니다.

The reports are all gone. ↘   보고서가 모두 날아갔어.

The reporter tried to angle the news. ↘

그 기자는 뉴스를 왜곡해서 전하려고 했다.

> ▶ angle (어떤 각도로) 구부리다, (의견, 보도 등을) 왜곡하다

 미국인이 놀랐을 때 쓰는 말에는 어떤 것이 있나요?

➡ 우리나라에서도 많이 쓰는 Oh, my god!이 있어요.
하지만 이말보다 부드러운 느낌인, Oh, my goodness!, Oh, my gosh!를 더 많이 씁니다.
또는 간단히 Oh, my! 라고만 하기도 하는데, 모두 "아이고, 이런!"이란 뜻이에요.
이 외에 Jesus [예수]의 앞소리를 딴 Gee! "이런"나 Oh, no! "안돼!"라는 말도 종종 들을
수 있어요.

누군가에게 당한 걸 말할 때는 **수동태**가 딱이지~

My wallet was stolen. 지갑을 도둑맞았어.

1. 수동태란?

어떤 일을 내가 스스로 하면 능동태로 나타내고, 자신이 아닌 누군가에
의해 행동을 당하거나 어떤 상태가 되면 수동태로 나타낸다.
해석도 수동태는 [누가(~에 의해서) ~하여지다]로 한다.

수동태

누가 (~에 의해서) ~하여지다

2. 형태

수동태 문장의 기본 형태는 주어 + be동사 + 과거분사 + by 행위자이다.

주어 + be 동사 + 과거분사 + by 행위자

She **broke** that mirror.   그녀가 저 거울을 깼어.
····That mirror **was broken** by her.   저 거울은 그녀에 의해 깨졌어.

Mike **wrote** this letter.   마이크가 이 편지를 썼어.
····The letter **was written** by Mike.   이 편지는 마이크에 의해 쓰여졌어.

My wallet **was stolen**.   지갑을 도둑맞았어.
Madonna **is called** the Queen of Pop (by people).
         마돈나는 팝의 여왕이라 불려.

☞ 행위자가 문장을 봤을 때 뻔히 알 수 있는 대상이거나, you, one, we, they, people인 경우 대부분 by+행위자를
생략한다. 위의 두 문장에서 행위자가 도둑과 people임을 알 수 있기 때문에 by+행위자를 생략했다.

3. 수동태 만들기

- 능동태 문장의 주어는 수동태 문장에서 [by + 목적격]으로 바꾼다.
- 능동태 문장의 동사는 수동태 문장에서 [be동사 + 과거분사] 형태로 바꾼다. 이때 be동사는 주어의 인칭과 수(단 · 복수)에 일치시켜야 하며, 시제는 능동태의 시제와 같다.
- 능동태 문장의 목적어는 수동태 문장에서 주어가 된다.

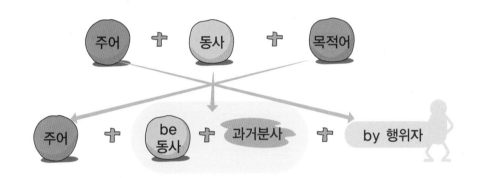

| 능동태 | She **loves** him. | 그녀는 그를 사랑해. |
| 수동태 | He **is loved** by her. | 그는 그녀에게 사랑을 받아. |

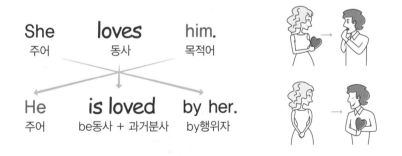

☞ 능동태의 주어가 3인칭단수 현재형이므로, be동사는 is로 하고, love의 과거분사인 loved를 붙인 것이다.

내 발음 vs 영어 발음

앱으로 체크하며 영어를 학습한다!

동인랑과 KeyBox 가 만나 사고쳤다!!

mp3무료다운은 기본,
어젯밤에 책으로 본 내용을 앱으로 복습하고 예습한다!

■ 내 발음과
영어 발음의 차이를
앱으로 체크하고
학습하는 시대!

■ 앱으로
내가 설정한
학습루틴에 따라
앱이 학습진도를
확인하고 알려 준다

■ 책 없이 앱으로
원어민의 mp3와
영어 텍스트를
보면서 듣는다!

애플 앱스토어에서
키박스 플레이어앱을 다운로드 받으세요

구글 플레이에서
키박스 플레이어앱을 다운로드 받으세요

* 앱의 일부 기능은 유료입니다.